中华复兴之光
千秋名胜古迹

非凡皇家园林

李姗姗 主编

汕頭大學出版社

图书在版编目（CIP）数据

非凡皇家园林 / 李姗姗主编. -- 汕头：汕头大学
出版社，2017.1（2023.8重印）
（千秋名胜古迹）
ISBN 978-7-5658-2843-0

Ⅰ．①非… Ⅱ．①李… Ⅲ．①古典园林—介绍—中国
Ⅳ．①K928.73

中国版本图书馆CIP数据核字(2016)第293525号

非凡皇家园林　　FEIFAN HUANGJIA YUANLIN

主　　编：李姗姗
责任编辑：宋倩倩
责任技编：黄东生
封面设计：大华文苑
出版发行：汕头大学出版社
　　　　　广东省汕头市大学路243号汕头大学校园内　邮政编码：515063
电　　话：0754-82904613
印　　刷：三河市嵩川印刷有限公司
开　　本：690mm×960mm　1/16
印　　张：8
字　　数：98千字
版　　次：2017年1月第1版
印　　次：2023年8月第4次印刷
定　　价：39.80元
ISBN 978-7-5658-2843-0

前 言

　　党的十八大报告指出："把生态文明建设放在突出地位，融入经济建设、政治建设、文化建设、社会建设各方面和全过程，努力建设美丽中国，实现中华民族永续发展。"

　　可见，美丽中国，是环境之美、时代之美、生活之美、社会之美、百姓之美的总和。生态文明与美丽中国紧密相连，建设美丽中国，其核心就是要按照生态文明要求，通过生态、经济、政治、文化以及社会建设，实现生态良好、经济繁荣、政治和谐以及人民幸福。

　　悠久的中华文明历史，从来就蕴含着深刻的发展智慧，其中一个重要特征就是强调人与自然的和谐统一，就是把我们人类看作自然世界的和谐组成部分。在新的时期，我们提出尊重自然、顺应自然、保护自然，这是对中华文明的大力弘扬，我们要用勤劳智慧的双手建设美丽中国，实现我们民族永续发展的中国梦想。

　　因此，美丽中国不仅表现在江山如此多娇方面，更表现在丰富的大美文化内涵方面。中华大地孕育了中华文化，中华文化是中华大地之魂，二者完美地结合，铸就了真正的美丽中国。中华文化源远流长，滚滚黄河、滔滔长江，是最直接的源头。这两大文化浪涛经过千百年冲刷洗礼和不断交流、融合以及沉淀，最终形成了求同存异、兼收并蓄的最辉煌最灿烂的中华文明。

五千年来，薪火相传，一脉相承，伟大的中华文化是世界上唯一绵延不绝而从没中断的古老文化，并始终充满了生机与活力，其根本的原因在于具有强大的包容性和广博性，并充分展现了顽强的生命力和神奇的文化奇观。中华文化的力量，已经深深熔铸到我们的生命力、创造力和凝聚力中，是我们民族的基因。中华民族的精神，也已深深植根于绵延数千年的优秀文化传统之中，是我们的根和魂。

　　中国文化博大精深，是中华各族人民五千年来创造、传承下来的物质文明和精神文明的总和，其内容包罗万象，浩若星汉，具有很强文化纵深，蕴含丰富宝藏。传承和弘扬优秀民族文化传统，保护民族文化遗产，建设更加优秀的新的中华文化，这是建设美丽中国的根本。

　　总之，要建设美丽的中国，实现中华文化伟大复兴，首先要站在传统文化前沿，薪火相传，一脉相承，宏扬和发展五千年来优秀的、光明的、先进的、科学的、文明的和自豪的文化，融合古今中外一切文化精华，构建具有中国特色的现代民族文化，向世界和未来展示中华民族的文化力量、文化价值与文化风采，让美丽中国更加辉煌出彩。

　　为此，在有关部门和专家指导下，我们收集整理了大量古今资料和最新研究成果，特别编撰了本套大型丛书。主要包括万里锦绣河山、悠久文明历史、独特地域风采、深厚建筑古蕴、名胜古迹奇观、珍贵物宝天华、博大精深汉语、千秋辉煌美术、绝美歌舞戏剧、淳朴民风习俗等，充分显示了美丽中国的中华民族厚重文化底蕴和强大民族凝聚力，具有极强系统性、广博性和规模性。

　　本套丛书唯美展现，美不胜收，语言通俗，图文并茂，形象直观，古风古雅，具有很强可读性、欣赏性和知识性，能够让广大读者全面感受到美丽中国丰富内涵的方方面面，能够增强民族自尊心和文化自豪感，并能很好继承和弘扬中华文化，创造未来中国特色的先进民族文化，引领中华民族走向伟大复兴，实现建设美丽中国的伟大梦想。

目 录

圆明园

颐和园

北海公园

北海公园位于北京市中心区，景山西侧，在故宫的西北面，与中海、南海合称三海，是我国古代的皇家园林。

这里早在辽、金、元时就已经开辟，明、清时辟为帝王御苑，是我国最古老、最完整、最具综合性和代表性的皇家园林之一，也是我国保留下来的最悠久的皇家园林。

北海公园内亭台别致，游廊曲折。全园以神话中的"一池三仙山"为构思布局，形式独特，富有浓厚的幻想意境色彩。这里水面开阔，湖光塔影，苍松翠柏，花木芬芳，亭台楼阁，叠石岩洞，绚丽多姿犹如仙境，素有"仙山琼阁"的美誉。

初建的辽金元时期

　　传说，浩瀚的东海上有三座仙山，分别叫作蓬莱、瀛洲和方丈，山上住着长生不老的神仙。秦始皇统一我国之后，曾派方士徐福前往东海寻找长生不老药，可是一无所获。

　　到了汉朝，汉武帝也做起了长生不老之梦，可寻找仍然没有结果，于是下令在长安北面挖了一个大水池，名"太液池"，池中堆起三座假山，分别以蓬莱、瀛洲、方丈三仙山命名。

　　自此以后，历代皇帝都喜欢仿效"一池三山"的"神仙形式"来建造皇家宫苑。似乎只有这样，自己才能像"神仙"一样长生不老。

　　永定河发源于山西省宁武县管

涔山，流经内蒙古、河北，经北京转入河北，在天津汇于海河至塘沽注入渤海。

永定河河道南迁之后，留下了一片原野和池塘，水中有岛名为"瑶屿"。地势像极了"一池三山"的模式，遂成为历代皇室看中的风水宝地。

938年，辽太宗耶律德光建都燕京后，就在城东北郊的白莲潭建立了"瑶屿行宫"，因开挖湖泊堆积泥土，日渐形成了水中岛屿，称为"圆砥"。

据《辽史》记载：

西城巅有凉殿，东北隅有燕角楼、坊市、观，盖不胜书。

《洪武北平图经》中记载"琼华岛辽时为瑶屿"，都可以证明"瑶屿行宫"的存在。

金国灭辽国后，改燕京为"中都"。金国海陵王完颜亮在1150年，也就是天德二年扩建了"瑶屿行宫"，增建了"瑶光殿"。

　　1163年至1179年间，金世宗完颜雍仿照北宋汴梁的艮岳园建造了琼华岛，并从"艮岳"御苑运来大量的太湖石砌成假山岩洞，在中都的东北郊以瑶屿为中心，修建了大宁离宫。

　　又将挖湖的泥土用以扩充琼华岛和圆坻，在琼华岛上建造广寒殿的同时，又在圆坻上建起了一座殿宇，和广寒殿遥遥相对。从这个时候开始，以瑶屿为中心的一片区域就逐渐形成了皇家宫苑的格局。

　　当时，把挖"金海"的土扩充成岛屿和环海的小山，岛称"琼华岛"，水称"西华潭"，并重修了"广寒殿"等建筑。

　　1260年，忽必烈在开平即位，做了蒙古汗国的第五任"大汗"。由于向南夺取南宋江山的需要及向北控制蒙古各部的方便，忽必烈接受亲信霸突鲁和刘秉忠的建议，决定在原金中都之地建都。

　　因金中都已于1215年被蒙古军队彻底摧毁，忽必烈采纳太保刘秉忠的规划，选择以金中都东北郊外的大宁宫为中心建立新都。新都建成之前，忽必烈经常住在大宁宫。

　　在建设元大都期间，曾在永安寺遗址中残存的"释迦舍利之塔"塔基下，发掘出一座石函，石函中有一小铁塔，铁塔中有一铜瓶，瓶中存有释迦牟尼佛舍利20粒。

　　更为奇特的是，瓶底还有一枚铜钱，钱上铸有"至元通宝"四个字。忽必烈闻知后极为高兴，因为他的年号就是"至元"，而100多年前埋入塔基的铜钱居然已有"至元"的年号，这岂非天意昭示，他这个"至元皇帝"确系真命天子吗？

　　加之忽必烈制定的国策是"以儒治国，以佛治心"，佛教圣物佛舍利的出现，更有利于推行"以佛治心"的国策。

　　另外，忽必烈自己也是佛教信徒，他尊奉藏传佛教高僧八思巴为

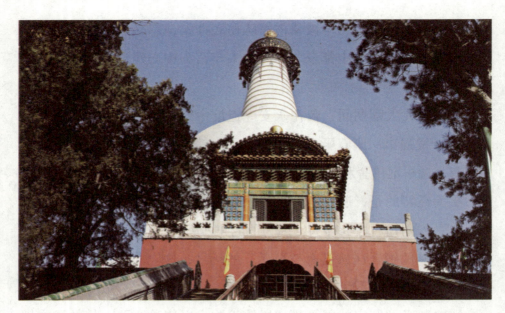

"帝师"，接受过八思巴举行的"金刚灌顶"仪式，他希望借助佛的法力保佑江山永固，当然也是在借崇佛来强化西藏对朝廷的归顺。

为了供奉佛教圣物佛舍利，保佑大元江山永固，1271年忽必烈下令建一座巨大的佛塔。在元初留下的《圣旨特建释迦舍利灵通之塔碑文》中明确指出：

> 恒虑新都既建，宜卜永年，以福为基，莫如起塔，冀神龙之扶护，资社稷之久长。

因为忽必烈以藏传佛教为国教，所以他选择了帝师八思巴推荐的精通藏式佛塔的尼泊尔工匠阿尼哥来负责永安寺白塔的设计和督建。

"塔"是古印度梵语"浮屠"的译音字。佛舍利是释迦牟尼遗体火化后凝结成的小颗粒。造塔供奉佛舍利是古印度信徒盛行的做法。藏式佛塔的样式来源于古印度。

阿尼哥设计建造的藏式佛苕白塔，塔身主体像一个倒置的钵盂，所以又叫"覆钵式塔"。塔身下部有一圈由24个巨大花瓣组成的莲花座和塔座相连。塔身上部，有一座下粗上细的呈圆锥状的"长脖子"，叫相轮，因相轮有13道圆环，也叫"十三天"。

"十三天"是塔的等级标志，说明这是供奉佛舍利的佛塔，而不是一般的塔。白塔顶部为鎏金火焰宝珠塔刹，上有铜制的"日"、"月"、"火焰"，宝顶下是铜铸的华盖，其边缘悬挂14个铜钟，华盖表示对佛的尊崇。

华盖直径9.7米，华盖周边悬挂着36片铜质透雕花纹的华幔，每片华幔下悬挂一个铜质风铃。华盖之上是一座高约5米，重约4吨的铜质空心镏金宝顶，形状像个小塔，是全塔的最高点。整座佛塔高50.9米，砖石结构，通体洁白。塔身上还刻有许多佛像。

当藏式佛塔的样式固定后，其形制便有了特定的含义。塔基为方，象征"地"，塔身圆，象征"水"，塔刹下大上小呈三角，象征"火"，华盖伞，象征"风"，此四者为佛教认为的构成世界的基本元素。

藏式佛塔通体银白，表示清洁、纯净和心诚。按照藏传佛教仪轨，塔建成后，还要在塔身、塔基内装入大量佛教法物、珍宝，工程才算圆满，塔才产生"灵性"。

1264年，元世祖忽必烈决定在旧中都城东北郊选择新址，营建大都。从1264年至1271年，忽必烈曾三次扩建琼华岛，并重建广寒殿。

重建之后的广寒殿东西宽40米，深20多米，高16米，殿宽七间，是帝王朝会的场所。殿中放置"渎山大玉海"，并建"玉殿"放"五山珍玉榻"。

渎山大玉海是元代的一种玉器，又名玉瓮和玉钵。器体呈椭圆形，高0.7米，口径在1.3米和1.8米之间，约重3500千克。渎山大玉海的玉料为青灰夹生黑斑色，产自南阳。玉海外壁雕饰着隐起的汹涌波涛和游弋沉浮的龙、马、猿、鹿、犀、螺等不同动物和海兽，1265年完工之后，奉元世祖忽必烈之命安置在元大都琼华岛的广寒殿中。

后来，渎山大玉海一度被移置在紫禁城西华门外的真武庙内。到了1745年，乾隆帝命人将渎山大玉海迁于后来建造的承光殿前，下配石座，并建亭保护。

同时，忽必烈还建造了一座玉制的假山，殿顶悬挂着玉制的响铁，殿内另有两个小石笋各有龙头，喷吐着从山后用水车提上来的湖水。由此可见，元朝时期的广寒殿宏伟浩大，构思巧妙，奢华无比。

1271年，琼华岛改称"万寿山"，瑶屿改称"北海"。后来，又以万寿山为中心，在湖的东百两岸营建宫殿，将北海建成一个颇有气派的皇家御园。

相传徐福曾上书说海中有蓬莱、方丈和瀛洲三座仙山，有神仙居住。于是秦始皇就派他率领童男童女数千人以及已经预备的三年粮食、衣履、药品和耕具入海求仙，耗资巨大。

但徐福率众出海数年，并未找到神山，徐福还在当地的"崂山"留下后代，后代改姓崂或劳。

公元前210年，秦始皇东巡至琅琊，徐福推托说出海后碰到巨大的鲛鱼阻碍，无法远航，要求增派射手对付鲛鱼。

秦始皇应允，派遣射手射杀了一头大鱼。后徐福再度率众出海，来到"平原广泽"，他感到当地气候温暖、风光明媚、人们友善，便停下来自立为王，教当地人农耕、捕鱼、捕鲸和沥纸的方法，此后再也没有返回秦国。

知识点滴

团城的建造和铁影壁传说

　　皇家御园建成后，忽必烈又选定了团城为大内东西两宫的中间地带，团城以东为大内，以西为皇太后的兴圣宫和皇太子的隆福宫。团城成了东、西两宫的联系中心。

　　相传在选择大内地址的时候，忽必烈先来到团城上环视周围的景色，然后捻弓向东射了一箭，箭落之地就成了建造大内宫殿的地址。

忽必烈为了使团城小岛更加有气派，在旧殿的基础上又兴建了一座重檐圆顶、11楹、高11.7米、围27米的仪天殿，岛的四周也围起了石墙，并将圆坻改名为"圆城"。

仪天殿的大殿呈方形，为重檐歇山顶。四面各推出单檐卷棚式屋顶抱厦一间，建筑结构别致精巧，是宫殿中少见的形式。

白玉佛供奉在仪天殿后厦的佛龛内，用整块白玉雕琢而成，高1.5米，顶冠和袈裟饰金箔，并嵌有红绿晶石。佛像肌肤洁白，色泽清润，神态颐静慈祥。

影壁是我国古代建筑中重要的单元，它与房屋、院落建筑相辅相成，组合成一个不可分割的整体。雕刻精美的影壁具有建筑学和人文学的重要意义，有很高的建筑与审美价值。

无论在皇宫、王府，还是官绅宅邸，影壁多以简约质朴为主调。相传铁影壁的建立是为了震慑风沙，从而被赋予了镇城之宝的美誉，建于元代，由一块中性火山岩雕成，呈深赭色，高1.89米、宽3.5米，因其色泽如铁而得名。

铁影壁雕刻十分精美，一面是麒麟栖居在山林中的图案；一面是狮子滚绣球的图案。在壁座的四周还刻有奔马图案和花边，雕刻粗犷、古朴、雄健。

铁影壁最初立于元代建德门前的一座古庙前面，明朝初年，才被移到德胜门内护国德胜庵的门前。当从铁影壁胡同德胜庵被迁至北海时，由于行事匆忙，铁影壁的底座并没有一起跟随搬迁。事隔39年后，人们才又重新找回铁影壁原来的底座，使它与铁影壁合为一处。

但就是这么一挪一放，就有了一段民间传说。

相传在很早以前，北京有两条龙，是夫妻两个，在北京建城以后，就变作了一个老头儿，一个老婆儿，过起安闲的日子来了。

北京建了城墙后，总是会无故刮起西北风，而且刮一回风，就给北京城添上几寸黄土，两个人琢磨着要这样刮下去，北京城还不叫土给埋了？

可这风并没有因为两人的发愁而停止，而且越刮越厉害，还经常有人和动物被刮上天。那龙变的老头儿、老婆儿再也坐不住了，就顺着风来的方向走下去一寻究竟，走了一处又一处，瞧见的都是平平常常的人，穿的平常衣裳，说的平常话，做的也是平常事，没有什么奇怪的人和奇怪的事。

于是夫妻俩继续向西北走，不知不觉，走到了西北城角，夫妻俩顺着城角往东一拐，就瞧见了一宗怪事。他们瞧见城墙根底下，坐着两个人，一个是50多岁的老婆婆，一个是16岁的小娃子，两个人都穿着土黄色衣裳，头上、脸上和衣裳上，都挂了一层尘土。

再瞧他们手里，每人手里都拿着一条土黄色口袋，老婆婆正往口袋装沙土，小娃娃正往口袋里装棉花，嘴里还说着话。离着远，听不清，只听见这么一句：埋不了他这个北京城才怪呢！

龙变的老头儿瞧了老婆儿一眼，老婆儿点了点头，夫妻俩知道是怎么回事了。原来那老婆婆是刮风的风婆，那小娃娃是布云的云童，他们就是刮风的罪魁祸首！

风婆和云童抬眼一瞧，看到龙变的老头儿和老婆儿慌了神，立刻站起来想逃走，龙变的老头儿赶紧一个箭步，挡在风婆前面，龙变的老婆儿也跟上来拦住了云童。

老头儿用手一指风婆，呵斥道："你们要干什么？北京城里住着这么多人，你们为什么要土埋北京城？"

风婆嘿嘿冷笑了一声，说："你不要多管闲事，许他们建筑北京城，挡住我们的风路，就许我们埋他的北京城！"

两言不合，四个神仙就互相斗起法来，那风婆和云童哪里是龙的对手，几个回合就被打败了，只得落荒而逃。

有人就说，风婆和云童怕龙公和龙婆，咱们铸一个铁影壁，两面都各自铸一条龙，风婆和云童就不敢来了，于是就有了铁影壁。

不知道过了多少年，北面坡墙拆了往南挪，铁影壁就丢在了城外，恰巧北京城里又多了风、多了沙土，就有人说这准是铁影壁离城远了，龙公和龙婆管不了风婆和云童了，得把铁影壁搬到城里来。

大伙儿一听真是个好主意，就把铁影壁搬到德胜门里果子市，影壁是挪了，可风沙还是不见少。毕竟是个传说。那时的北京有两句话可以形容，那就是无风三尺土、晴天是香炉子，您说那土能少得了？

团城是镶嵌在古典皇家园林北海和中南海之间的一颗绿色明珠，因它上面种满了郁郁葱葱的古松古柏，可谓是一座"空中花园"。

而且团城还是在北京地区古树被封官最多的地方，其古树的官名都是清乾隆皇帝所封。乾隆皇帝十分喜欢北京的古树，他曾给很多古树讨官、起名，赋诗、作词。像潭柘寺的古银杏"帝王树"、"配王树"，戒台寺的"活动松"，香山的两棵"听法松"，大觉寺的"银杏王"等，其例举不胜举。

知识点滴

依蓬莱仙境规划的蓝图

　　1368年，明太祖朱元璋定都南京。就在这一年，大将徐达进占大都，大都改称"北平"。朱元璋死后，燕王朱棣取得帝位，将都城从南京迁到北平，改名为"北京"。

明朝在元朝的基础上，对北海又加以扩充和修葺，但都基本上保持了元代北海的格局。

　　1417年，明成祖朱棣重修仪天殿，先后更名为承光殿、乾光殿，以供帝后大臣观灯火之用。东部被填为陆地，西侧建起了金鳌玉蝀大石桥，环岛也砌起了城墙，成为一座带雉堞的砖城，故俗称"团城"。

　　到了明代宣德年间，明宣宗朱瞻基对"万岁山"进行了大规模的扩建和修缮，在团城修复了仪天殿，在团城南面的小岛上建起了犀山抬圆殿，并在团城的东部拆桥填土，将其与陆地相连。

　　历代皇帝都喜欢把自己居住的地方建成蓬莱仙境的玉宇琼楼，"一池三山"的格局便成了构筑北海的蓝图：北海便是"太液池"，琼岛是"蓬莱"，团城就是"瀛洲"，所以仪天殿也叫"瀛洲圆殿"。

　　当时团城四面环水，东、西、北三面各有桥，东为木桥，西为木吊桥，桥中间有两只大船，每当皇帝过桥上了团城，留守官便移舟断桥，以禁来往。

1458年，明英宗朱祁镇命人在北海北岸，也就是后来的五龙亭处建"太素殿"，由于太素殿用锡作材料，所以又称为"锡殿"，也叫"避暑凉殿"。

据统计，修建此殿共役使工匠3000余人，用白银20万两。在东岸建"凝和殿"，在西岸建"迎翠殿"。把团城西面的八孔中断的石桥改为九孔石桥，称为"金鳌玉蝀桥"，并在新开挖的南海瀛台上建了"昭和殿"等建筑。

1579年，万寿山上历经了四朝共计600余年风雨战乱的广寒殿忽然坍毁，人间天宫主景建筑从此化为乌有，成为千古遗憾。

"遮荫侯"为二针一束的油松，传为金代所植，树高20余米，枝叶苍翠繁茂，苍劲挺拔，顶圆如盖。

相传，有一年盛夏，后世的清乾隆皇帝来游团城，宫人摆案于树下，清风徐来，顿觉暑汗全消，乾隆皇帝十分高兴，当即封此树为"遮荫侯"。

　　在团城承光殿东侧的前后，南北各矗立一棵高大的白皮松，相传也是金代所植，尤其是殿前的一棵，它的绿冠高达30多米，白干周长达5.1米。

　　在北海前门的大街上，远远就可以看到它银白色的雄姿。这两棵白皮松就像两位威武的将军守卫在承光殿前后，所以乾隆御封它们为"白袍将军"。并写有《古栝行》，诗云：

五针为松三为栝，名虽稍异皆其齐。
牙嵯数株依罳睨，树古不识何人栽。

　　1602年，在北海北岸西部的明代泰素殿的旧址建造了五龙亭，后代曾多次进行修葺。

五龙亭伸入水中，由五间亭子组成，五亭都是方形前后错落排开。玉亭之间由桥与白玉石栏杆相连呈S形，如同巨龙，故称其为"龙亭"。

据介绍，五龙亭中最大的龙泽亭位于五亭中央，双檐攒尖顶，上圆下方，高大的双檐攒尖形成巨大的空间，安放皇权特征的藻井，顶端一条巨龙盘卧，俯首下视，别有威严之感。

圆形藻井四周八条飞龙组成龙环，群龙全身为金色，在外围是由两圈蓝绿色彩绘团龙图案的数十个小藻井，与中间黄龙形成强烈对比，突出了金碧辉煌的气派。

再外是数块垂直栏板，由金色的奔龙缭绕，组成适合纹样。又和中间的黄龙产生色彩的照应，体现了此藻井极高的建筑级别。

五亭皆为绿琉璃瓦顶，黄瓦剪边，檐下梁枋施小点金旋子彩画，绚丽多彩，金碧辉煌。龙泽、滋香、浮翠三亭石岸下有单孔石桥一座，通向北岸，每座亭正面檐下各悬一方华带匾。

在亭子垂脊上装饰吻兽和瑞兽，不但构成建筑各部分美的装饰，而且也是权贵的象征。特别是用黄琉璃的瑞兽更增强了皇权的神秘感。

明清时规定，在垂脊上瑞兽排在骑风仙人之后，其顺序为龙、凤、狮子、海马、天马、押鱼、狻猊、獬豸、斗牛等，级别最高的建筑也不超过这九种。

当年，龙泽亭是专供封建帝后们钓鱼、赏月、观焰火的地方，其余四亭是文武官员陪钓的地方。清人诗曰："液池西北五龙亭，小艇穿花月满汀，酒渴正思吞碧海，闲寻陆羽话茶经。"

1651年，为了民族和睦，清世祖福临根据西藏高僧恼木汗的请求，在广寒殿的废址上建造了一所藏式的白塔，并在塔前建"白塔寺"。因为岛上建起了藏式佛苔，山名也就改称为"白塔山"了。

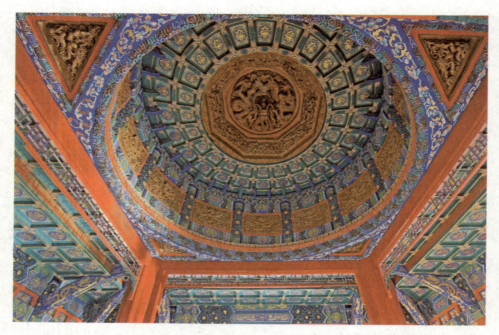

白塔矗立在琼岛顶峰，殿阁耸拥，绿荫环簇，巍峨壮美，成为后来人们心目中整个北海的象征。北海白塔，不仅庄严肃穆，而且北海白塔还代表天人合一的强大亲和力。

从山脚仰望白塔，怀着一种朝觐礼佛的虔诚，拽拉着层层殿宇直至山顶，白塔就在这层层叠叠、逐级上攀的建筑群的不断升华中成为辉煌壮丽的顶点。

而这顶点正处于南北、东西两条轴线的正交点，成为琼华岛的中心，同时也成为围绕琼华岛四面展开的北海的中心，那种君临天下、主宰全园的霸气尽在悄无声息的高屋建瓴中，"君权神授"和至高无上的震慑力自然也就威仪而生了。

站在塔下仰望白塔，白塔塔尖直指蓝天，白云缭绕，长天似洗，那种庄严肃穆，让人仿佛置身于佛门的安宁极乐的净土世界。

环顾四下，南向是楼阁峥嵘的紫禁城，花团锦簇的中南海，北面则是一湖天光水影，接天莲叶，映日荷花，掩映无限生机；游船歌声，随水漂来，欢声笑语，不绝入耳。放眼纵驰西山黛色，隐约可见，十里京城的繁华，尽收眼底。

登临白塔使人胸襟开阔，而抚今思古，更能感受到一种发自心底的震撼。塔身正面有一盾形小龛，内塑红底黄字的藏文图案，含"吉祥如意"之意。此龛俗称"眼光门"，又叫时轮金刚门。

后来，白塔被地震所毁，次年修复重建，在修复时，人们发现塔内主心木中藏有一个两寸见方的金漆盒子，盒盖绘有太极图，盒内藏有两枚"舍利"，证明此塔是一座舍利塔。该塔矗立于琼岛顶峰，绿荫拥簇，巍峨壮美，引人瞩目。

北海白塔全部为砖木石混合结构，由塔基、塔身、相轮、华盖、塔刹五部分组成。

白塔是一座覆钵式塔，外形与北京西城区的妙应寺白塔颇为相似，但北海的白塔在外形上看起来更为秀丽。

北海白塔的基座是十字折角形的高大石砌须弥座，座上置覆钵式塔身。覆钵的正面有壶门式眼光门，内刻"十相自在"图案。塔座边长17米，基座部分安有角柱石、压面石和挑檐石。

座上为三层圆台，中部塔肚为圆形，最大直径长14米。塔身上有高大挺拔的塔刹。从塔的表面只能看到砖和石料而见不到木构架，但可见到塔的通身有306个方形青砖透雕通风孔，这是为塔木构架通风之用，以防塔内木料潮湿腐朽。

通风孔的纹饰雕刻比较讲究，图案形式多种多样，有蝴蝶、芭蕉扇叶、喇叭花、荷花、宝相花、西番莲花等画像，这些图案都各自有其美好的寓意。

白塔内部有根立木，为白塔主心木，为柏木制，高约30米，从塔基处直通刹顶。塔身正面的眼光门，周围用钳子土烧制的西番莲花饰，中间为木质红底金字的"时轮咒"，即所谓"十相自在图"，为七个字组成，译音是"杭、恰、嘛、拉、哇、日、呀"，有"吉祥如意"的意思。

这组字图是清代藏传佛教的著名领袖章嘉国师亲手写成的，据说这种文字图案从明代开始由西藏传入内地，是藏传佛教的瑰宝。

刹座是一个小型须弥座，其上置由13重相轮组成的细长"十三天"刹身。十三天之上覆以两层铜制华盖，下层周边悬14个铜铃。塔的顶端是仰月和鎏金火焰宝珠组成的刹顶。

这种象征神权的建筑物的白塔，设置于琼岛的重要位置上，具有主宰全园的气势，以体现"君权神授"的封建思想，这是帝王宫苑的又一大特色。

紧接着，又依山就势地建造了白塔寺，白塔寺共分三进三上殿宇，前殿名为"法轮殿"，为寺内的第一座殿堂，"法轮"意为佛法辗转流传不息，犹如车轮滚滚。

法轮殿有五间房子那么宽，单檐庑殿顶，殿脊正中置琉璃宝塔，塔两边殿脊上嵌有琉璃彩龙戏珠浮屠，造型独特，为一般寺庙所罕见。殿前左右设有钟、鼓亭，殿内供释迦牟尼佛像。

法轮殿的北侧，有两块奇特石头，上面刻有乾隆皇帝御笔题字"昆仑"及三首诗。昆仑石后面的众多岩洞据说就是神仙居住的"洞天福地"。

太湖石"昆仑"，正面"昆仑"两字为乾隆手书，背面还刻有他写的一首诗文。此石为象征传说中神仙居住的昆仑山而设。昆仑石后面的众多岩洞，为叠筑假山时所砌，以象征神仙们居住福地洞天。

两石的北面均有三个砖券门，券门以艮岳石镶嵌，山洞成窟状，名"楞伽窟"，石洞玲剔透，堪为叠石之中的完美上品。

中殿"正觉殿"为白塔寺的第二重大殿，殿内供弥勒佛，此佛雍容丰腴，笑容可掬。相传他是10世纪初的一名游方僧，名契此，号长汀子，在世时常背袋行乞，所得钱物悉数捐赠寺院，所以人们又称其为"布袋僧"。

上殿"普安殿"，是白塔寺的第三重殿，殿名有普度众生之意，大殿为五楹单檐庑殿顶，内供藏传佛教格鲁派创始人宗喀巴像，像两侧为其得意弟子班禅、达赖坐像。原为僧人诵经之所，帝后在园内游乐时常来此烧香拜佛。

后来，白塔寺在1743年被改为永安寺。

在北海白塔山西坡上有悦心殿，悦心殿坐北朝南，面阔五间房，前后出廊。殿前有宽敞的月台，与庆霄楼相连。原为皇帝临时办理政务和召见大臣之处。两侧门柱上有清乾隆皇帝的题联：

是处旸观颇悦目；

此间图景足澄心。

赞美之情溢于言表，可见乾隆皇对这里的喜爱。

在悦心殿前用汉白玉围绕的月台中，两旁的石雕须弥座上，安置着两块奇石。

月台东边的奇石高约110厘米，石体已残破，下部明显用新石修补过，且修缮手法比较粗糙。从其上部残存的原石看，该石体态多变，婉转玲珑，石头表面润泽，应该是灵璧石中的佳作。

西边的奇石高约120厘米，石体完整，飘逸温婉，其势如云飞云涌，奔放舒畅，石上皱褶遍布，石体白中透灰，以木槌击其不同的部位能发出悦耳的声音，据说这就是传说中的"七音石"。

1741年，清高宗下令对北海进行了大规模的修葺和增建，前后连续施工长达30年之久。

此次维修扩建，建起了许多亭、台、殿、阁。乾隆皇帝自谓"园林之乐，不能忘怀"，于是把江南园林的精华、文人写意和山水园林等引进了这座皇家宫苑，先后建成了北海的静心斋、画舫斋、濠濮间等"园中之园"。

1742年，在明代"雷霆洪应殿"的旧址上建造了"先蚕坛"，成为后妃们祭祀"蚕神"的地方，总占地面积为17000平方米。

院内的建筑有"观桑台"、"亲蚕殿"、"后殿"、"先蚕神殿"、"神橱"、"蚕署"、"井亭"、"牲亭"、"蚕所"、"游廊"、"桑园"和"浴蚕池"等。

东面有一条贯通南北的小河叫"浴蚕河"，是元代由金水河引入北海东边的一支水系。

先蚕坛的整体建筑宏伟，构造精美，翠瓦红墙，色彩极其艳丽，是比较完整的一处皇家祭祀专用场所。

先蚕坛为方形，南向，一层。东、西、北面均植护坛桑林，南面偏西处有正门三间。先蚕坛的东南为观桑台，观桑台北为亲蚕门一间，绿琉璃瓦歇山顶，门左右连接朱红围墙，围墙北折构成一院落。

院内前殿为茧馆，为五开间，绿琉璃瓦歇山顶，前后出廊，三出阶，各五级。东西配殿各三间，绿琉璃瓦硬山顶。后殿为织室，五开间，绿琉璃瓦悬山顶，五花山墙，前后出廊，明间出阶。有东西配殿各3间，前后殿间有回廊相连。

观桑台东南有先蚕神殿三间，坐东朝西，硬山顶，前出廊，三出阶。殿南北分别为井亭、宰牲亭各一座，方形绿琉璃瓦攒尖顶。

殿西北有神库三间，南有神厨三间，均为绿琉璃瓦硬山顶。神殿以北有蚕署三间，蚕署以北有蚕室27间。

先蚕坛坛门外东南有一独立院落，其中有陪祀公主福晋室及命妇室各五间，均西向，灰瓦硬山顶。

七音石又叫"响石"，产于浙江湖州黄龙山，因此又有"黄龙宫响石"之称。

太湖南岸的黄龙山西麓，是一个大型天然溶洞。洞中以全国罕见的"洞中音乐厅"，蜚声全国。若用木槌轻击这些响石，便会发出各种美妙悦耳的声音。有的像洪亮的钟声，余音在洞中回响八九秒之久，还有类似琴声、锣鼓声、木鱼声等，仔细品味，竟有"哆、来、咪、伐、索、啦"等音调。

响石之所以发出"七音"，其原因如同用大小不同的碗能演奏出音乐一样，由于其形状和大小不同，击之振动的频率也就不同，因此能发出悦耳的声音。

知识点滴

建北海九龙壁和园中之园

1747年，乾隆皇帝得王羲之《快雪时晴帖》、王献之《中秋帖》、王珣《伯远帖》三件书法珍品，如获至宝，尤为喜爱，藏于养心殿西暖阁内，取名"三希堂"。

为了永远保存这些书法精华，乾隆皇帝命吏部尚书梁诗正、户部尚书蒋溥等人主持，将内府所藏法书墨迹汇成《三希堂石渠宝籍法帖》，并请当时的镌刻能手摹刻于石上。并于1753年，在北海专建阅古楼加以保存，"阅古楼"三字为乾隆帝亲笔手书。

　　楼内墙壁上，镶嵌着我国著名的《三希堂法帖》等石刻495方，共收集了我国从魏晋至明末135位著名书法家的340件楷书、行书和草书等作品，总计约十万字左右。这些书法和刻法极其精美，被称为"双绝"。这是一座集我国历代著名书法之大成的杰出建筑，在我国文化艺术史上占有非常重要的地位。

　　铜仙承露盘位于琼岛的北山腰处，铜仙双手托盘，面北立于蟠龙石柱上。据说，此铜盘可承妾甘露，为帝后拌药，目的在于延年益寿。仙承露盘也叫作仙人承露盘，它的来历可谓是大有名堂，也有着许许多多的故事，这首先要从汉代说起。

传说，汉代人相信神仙可以降露人间，饮服神露，能使人长生不老。对于这种说法，有一个人坚信不疑，他就是汉武帝刘彻。

为了神仙降露，汉武帝下令在长安建章宫内建造神明台，高约67米，上面再铸造铜仙人双手捧铜盘，以此来求得仙露。

其实承露盘中承接的仙露，不过是由于早晚温差凝结在盘中的水蒸气。汉武帝就把这些凝结的水珠，当成了长生不老的仙露，将承接下来的露水交由术士锤炼。

后来人们在修建北海公园景观的时候，就把这样一个充满传奇色彩的景观设立在琼岛之上，让帝王们也能感受一下神仙的日子。

扇面亭位于琼岛北坡，坐南朝北。相传晋代文学家袁宏得官上任前，朋友送他一把折扇，并说："愿君多施仁政，扬仁义之风。"这座小亭就是根据这个故事修建的，正面墙凹进恰似汉字"风"的"几"偏旁，整体观亭，又似一把折扇，建筑之精巧，令人称奇。

倚晴楼建在砖石台阶上，高台中间有券洞门可通，上层周围有砖砌垛口，此楼与长廊西端的分凉阁遥遥相对。两楼之间是一组半圆形的双层临水游廊，延楼回廊外绕长达300米的汉白玉护栏，漫步廊间，随着脚步的移动，北海、琼华岛的不同画面层出不穷地映入眼帘，风景非常宜人。

假山洞位于琼岛北侧山腰。这里怪石

嶙峋，崖险沟深，山洞众多。假山洞虽由人工叠砌，却有着天然之美感。这些假山、石洞和琼楼玉宇，是按照蓬莱仙境中仙山洞府的传说模式建造起来的，径曲洞幽，如同迷宫一般让人心驰神往。

在北海白塔和寺院建成整整100年后，于1751年在白塔前建起了小巧别致的善因殿，那是乾隆皇帝为庆贺皇太后钮祜禄氏60大寿的系列工程之一。善因殿的面积虽小但色彩斑斓，精细华美，每面宽4.4米，背倚硕大雄浑的白塔，华丽精巧的善因殿建在由汉白玉栏杆所环绕的赭红色高台上。

由黄色琉璃砖覆盖的八根大柱撑起双层殿顶，上层檐圆亭式屋面和宝顶均为青、紫铜制作而成，表面鎏金，下层檐是绿琉璃瓦黄剪边的方顶。

其殿顶为上圆下方的双重檐，象征"天圆地方"。东西北三面殿墙无门无窗，殿门南开，有四扇做工十分精细的青铜隔扇门，与颐和园铜亭的门扇有异曲同工之妙。蓝色琉璃的殿外墙上，镶嵌着455尊身着酱赭色袈裟的白伞盖绿度母坐像，华美而庄重。

殿内供奉铜质鎏金大威德金刚神像，金刚有9个头、36只眼，36只手，18只脚，俗称千手千眼佛。旧时传说塔下有一口海眼，只有佛身才能镇压，故又名"镇海佛"。

有人称大威德金刚是北海乃至北京城的"守护神"。大威德金刚是格鲁派密宗所修本尊之一，因其能降服恶魔，故称大威，又有护善之功，又称大德。

梵名"阎魔德迦"，藏语为"多吉久谢"，意为"怖畏金刚"，汉译大威德明王。也叫阎曼德迦、怖畏金刚、牛头明王。

殿前铺有72级青砖，台阶陡直，象征人世间各种业障的七十二地煞，被当成台阶让善男信女踩踏。它们虽被大威德以无比威猛之力所摧破，但离"九九归一，终成正果"的升华尚有距离。

因72是极阳之数九的八倍，尚不足九九八十一，仍需继续努力修行，"一四七，三六九，一步一步往前走"，在我们的传统文化中，常用简单的数目字帮助有缘人领悟复杂的道理，这72级台阶就有鼓励人们努力前进的寓意。

殿后为重檐八角的七佛塔亭，亭内有八角石塔一座，上刻七世佛图和乾隆御书《七佛塔碑记》。亭后是一座高大华美的琉璃阁，周身布满佛像。

院内四周有71间回廊环绕，上覆绿琉璃瓦剪边，四角各有重檐四角方亭一座。整组建筑金碧辉煌，略显繁密，是典型的乾隆所喜好的风格。

此处在1755年，曾建有一座琉璃塔，也是清代皇家园林琉璃塔中最神秘的北海琉璃塔。可惜的是，琉璃塔刚建成三年后就被焚毁，此后建成琉璃阁。琉璃阁为发券无梁殿结构，外墙面嵌砌着五彩琉璃佛像，光彩夺目，尤为壮观。

在我国，有三座著名的九龙壁，其中规模最大、历史最久的一座，在山西省大同，建于明代洪武末年；最有特色的一座，就是北海公园的九龙壁；第三座，在故宫的宁寿门前。

北海九龙壁建于1756年，全部用彩色琉璃砖砌成，长25.5米，高5.6米，厚1.6米。

壁的两面各饰有九条蟠龙，戏珠于波涛云雾之中，其造型之生动，色彩之艳丽，工艺之高超，为我国琉璃建筑中少见的珍贵作品。它是大西天经厂门前的影壁，建造这样一座影壁，据说是为了震慑火灾和辟除邪祟。

九龙壁体魄巨大精美，壁上嵌有山石、海水、流云、日出和明月图案，底座为青白玉石台基，上有绿琉璃须弥座，座上的壁面，前后各有九条形态各异、奔腾在云雾波涛中的蛟龙浮雕。

这些龙体态矫健、龙爪雄劲、形象生动、栩栩如生。壁东面为江崖海水、旭日东升流云纹饰，西面为江崖海水、皓月当空流云图像。

　　壁顶为琉璃筒瓦大脊庑殿顶，大脊上饰黄琉璃流云飞龙纹。影壁用424块预制的七色琉璃砖砌筑而成，使其在整体上达到了色彩绚丽、古朴大方的境界，是清代琉璃结构建筑中的精品。

　　北海九龙壁除了壁前壁后各有九条醒目的戏珠蟠龙外，壁的正脊、垂脊和其他一些建筑构件等地方都有龙的踪迹。

　　九龙壁顶呈"庑殿式"。有一条正脊，四条垂脊，正脊前后各有九条龙，垂脊左右各有一条龙，正脊两侧有两只吞脊兽，它的身上前后也各有一条龙，这样五条脊上就有30条龙。

　　往下每块瓦当下面镶嵌的琉璃砖上，都各有一条龙，壁四周共有筒瓦252块，陇垂251块，龙砖82块，加上跃于云雾之中的18条蛟龙，就有633条龙了。

在正脊两侧"吞兽脊"下，东、西还各有一块"圆饼形"的瓦当，上面也各有一条龙。这样算来，北海九龙壁上总共有635条龙。

北海九龙壁可谓是"龙之壁"，这上面的龙不仅颜色各异、形态不同，而且数量之多让人眼花缭乱，站在此壁前，你几乎分不清哪里是龙，哪里是墙壁，真有"龙在墙中，墙在龙中"的恍惚感觉。

画舫斋位于北海东岸，建于1757年，这是掩映在山林中的一处独立院落。前殿为"春雨淋塘"，院落中有水池，又叫作"水殿"。院落北部为正殿"画舫斋"。东西各有一处精巧别致的院落，东为"古柯亭"，西为"小玲珑"。

古柯亭位于画舫斋东北隅，亭内有古槐一棵，相传为辽、金时代所植。此处环境幽雅清静，后来的光绪皇帝曾在这里读书。

整个画舫斋朱廊环绕，结构精巧，环境别致，形似停泊在北海湖边的一条大船，原引用欧阳修的《画舫斋记》而造其形，所以得名为画舫斋。乾隆曾坐冰床来此题词，"画舫斋"三字便是他的手迹。

静心斋原名镜清斋，因其前后临水，诗云"临池构屋如临镜"，故称镜清斋。镜清斋在北海北岸，临近天王殿。1757年建造，全园面积为4700平方米，园内水池横贯，假山连绵，三个区域，似分又合，浑然一体，是古典园林的精品，也是皇太子的书斋。

镜清斋以叠石为主景，周围配以各种建筑，亭榭楼阁、小桥流水、叠石岩洞，幽雅宁静、布局巧妙，体现了我国北方庭院园林艺术的精华，是一座建筑别致、风格独特的"园中之园"。

静心斋正门与琼华岛隔水相望，四周以短墙围绕，南面为透空花墙，使内外景色交融。碧鲜亭紧贴花墙外，起到点景之妙。斋内遍布太湖石山景，玲珑剔透，与隐现在翠竹花木中的亭、轩、桥相互辉映，景色幽雅，有"乾隆小花园"和"园中之园"之称。

该处主要建筑有静心斋、韵琴斋、抱素书屋、枕峦亭、叠翠楼及沁泉廊等。位于西北侧的叠翠楼为园内的最高建筑，楼高两层，登楼远眺，北海景色尽收眼底。

该园以山、池、桥、廊、亭、殿、阁的优美建筑布局取胜，是一座风光如画、妙趣无穷的小巧园林，为我国园林艺术中的杰作之一。

后来的1885年，慈禧太后曾挪用海军经费增修斋内的建筑，并设小火车站，铁轨由中南海经阳泽门沿西北岸直达静心斋的大门。

静心斋的北部是规模宏阔、堆叠巧妙的山石景观，其假山上石头的形态各异，精巧美观。整个山石景色，是仿中国山水画笔法叠石，这无异于用实物造就了一幅真实的水墨山水画。太湖石假山是北海公园风景的重要组成部分。

知识点滴

相传，汉武帝对长生之术非常痴迷，曾令徐福东渡寻求长生之术。方士将承露盘中承接的仙露和美玉的碎屑调和而成后，让汉武帝服下，并且告诉汉武帝这样就能长生不老了。汉武帝虽然在政治上非常有能力，他还是相信这等无稽之谈。

公元前87年，服用多年神药的汉武帝，尽管一心想求得长生不老，但是最终还是撒手人寰。虽然不能使汉武帝长生不老，但铜仙承露盘的设置却保存下来了。

进一步扩建的乾隆时期

在北海静心斋的东侧有一组庙宇，原是大西天经厂，在清代称为"西天梵境"，又称为"大西天"。西天梵境原为明代西天禅林藏式寺庙，清代乾隆于1759年下令重修，并向西扩展。

"西天梵境"的围墙是朱墙碧瓦，三座独立汉白玉券门，都是黄琉璃筒瓦歇山顶大脊门楼。门楼的下面是红墙，以汉白玉须弥座为依托。门楼左右以宇墙相连，中间门楼外台明上，装有汉白玉围栏。

台阶正中丹陛是二龙戏珠浮雕，这块汉白玉丹陛，石质细腻，雕刻精美绝伦，是难得的古代石雕艺术的精品代表作之一。

进入"西天梵境"山门，前院正殿是高大的天王殿，这是第一个院落，这里种有松树和槐树。苍松翠槐的映衬之下，天王殿显得格外醒目。

天王殿里面供奉着弥勒佛及四大天王。东方天王名叫"提多罗咤"，意为持国，就是能护持国土的意思，是帝释天的主乐神。东方天王手持琵琶，守护东方人民。

西方天王名"毗留博"，意思为广目，能以净眼观察护持人民，他手中缠绕一龙及多宝，可保卫西方人民。

南方天王名叫"毗琉璃"，意为增长，传说他能使人善根增长，可保护南方居民，手持宝剑。

北方天王名"毗沙门"，意是多闻，有大福德，他护持人民财富，双手各持银鼠及雨伞。

在天王殿两侧，还有两座建筑，东边的是钟楼，西边的是鼓楼。俗话说，晨钟暮鼓。楼的南侧各竖一根旗杆，楼北各有一座八角石幢耸立于石台之上，东幢刻《佛法药师如来本愿经》，西幢刻《金刚般若波罗密经》，其书法及刻沄皆为艺术精品。

大慈如意宝殿是大西天中院正殿，内供三尊铜佛，为重檐庑殿顶并且不施彩绘加以修饰，完全以木材本色示人，给人返璞归真之感。

气势雄伟的大慈真如宝殿，大殿为棕褐色，整体建筑的木结构全部采用贵重的金丝楠木所建，黑琉璃筒瓦黄剪边重檐四坡顶，面宽五间房左右，是我国现存明代建筑中的上乘精品。

走进大殿，会有一丝凉意，因为大殿的地面是由花岗岩铺成的。大慈真如宝殿内供奉三世佛以及十八罗汉像，中间的是释迦牟尼佛。

东边的是药师佛，他掌管东方静琉璃世界，他能保佑人们一生健康。西边的是弥勒佛，是未来世界的接引佛，他掌管西方极乐净土。

在大殿两边的是十八罗汉，他们是佛祖的学生。其中有一位我国古代的高僧，就是唐玄奘法师，大约在1000多年前他只身从印度取回了真经。

整座大殿由20余根高10米、直径半米的楠木巨柱支撑。大殿的梁、枋、檩、椽、斗拱、望板、门窗、天花板等主要构件也全部采用体量硕大的金丝楠木。用如此珍稀的木材修饰此殿，足见此殿的地位之高。

其中的门窗做工尤为华丽，楠木门窗装饰有繁复考究的菱形窗格，均采用短小棂条与微型榫卯的拼接工艺，接榫处设有镂刻着精巧花纹的鎏金铜叶，门窗的裙板上雕有浮云图案。其他构件采用素面，不施雕琢，体现了简约自然的明代造型风格。

大慈真如宝殿不仅涵盖了我国传统楠木制作、琉璃烧造、砖石雕刻和青铜铸造等工艺精华，体现了中华物质文化遗产的无尽魅力，而且蕴涵着博大精深、高贵典雅和成熟自信的独特韵味，诠释了中华文明的精神价值，是我国古典建筑中的不朽杰作。

濠濮间也是北海公园的一处园中之园。"濠"与"濮"均为我国的古水名。

据《庄子·秋水》记载，庄子与惠施游于濠梁之上，庄子说："鱼儿出来了，鱼儿真快乐。"

惠施问："你不是鱼，怎么知鱼之乐？"

庄子反驳说："你不是我，怎知我不知鱼之乐？"

1534年，在这里初建。1757年，乾隆在明代凝和殿遗址上增建濠濮间，成为北海的一处园中之园。

濠濮间四面古松葱郁、遮天蔽日，来自北面先蚕坛的浴蚕河水经画舫斋缓缓流入，曲桥、水池、山石、回廊，回旋于咫尺之间，景色清幽深邃，是帝后观鱼、垂钓之地，也是乾隆皇帝宴请文武大臣之地。

罨画轩建于1757年，"罨画"原指建筑或衣料上绚丽的彩画。罨画轩为静心斋园中最佳观景处。乾隆皇帝御制罨画轩诗中有"来凭罨画窗，读画隔岸对"句，意思是从这里可观赏到周围如画的美景。

半壁廊是连接静心斋主要建筑物的纽带，廊随山势起伏迂回，给人一种曲径通幽、山外有山、楼外有楼的无穷无尽之感。

在园林布局上，凡是重要的庭院和建筑物之间，都要在正房、两厢或门的两侧设置廊，诸如"抄手游廊"、"爬山廊"和"观景廊"等，半壁廊则是诸多廊建筑形式中的一种。

抱素书房为静心斋内一座相对独立的小院，建于1758年，乾隆皇帝借道教"抱素守一"和"见素抱朴、少私寡欲"的思想为书房取名为抱素。

抱素书房主要由抱素书屋和韵琴斋两座建筑组成。从北海东北方向引来流水，形成泉水瀑布，水声如抚琴低吟，有似碧玉落盘，故有韵琴斋之名。此处景物清素、环境幽静，是当年乾隆皇帝及皇太子读书的地方。

小西天始建于1768年，建成于1770年，是清乾隆皇帝为母亲孝圣宪皇后祝寿祈福而建的。主体建筑为极乐世界，总面积达1200平方米，其横梁跨度13.5米，是我国最大的方亭式宫殿建筑。

殿四面的窗扉和楠扇有细镂花纹，殿内高处悬挂有金匾，上书"极乐世界"，为乾隆御笔。上方为金光灿灿的八角穹隆团龙藻井，十分庄严，雄伟壮观。

殿四面环水，有桥可通。东西南北各有琉璃牌坊一座，四角各有一座小方亭，正南面有一道月牙河，上架一座雕栏石桥，整体建筑气势磅礴。

殿内原有南海普陀泥塑一座，山上布有226尊罗汉佛像，山下绘满海水，以象征佛界普陀胜境，故有"罗汉山"和"海岛"之称。

　　1775年，乾隆皇帝命工匠用金丝楠木建快雪堂一座，两边各接游廊十间，廊内墙上嵌快雪堂墨刻48方，院内添堆宋代艮岳御园的名石，形成一个环境优雅的景区。

　　院内还有澄观堂和浴兰轩两座大殿。快雪堂东西两侧的游廊内嵌有晋代至元代20位书法家共80篇墨迹石刻48方，其中王羲之的《快雪时晴帖》与乾隆皇帝所作的《快雪堂记》最为著名。

　　除了快雪堂主殿和镶有石刻的东西回廊，最显眼的要算迎面矗立着的两块高大而奇特的太湖石，小的一块高约4米，大的一块高约5米，一块玲珑，一块剔透，充分具备了太湖石的"瘦、漏、透、皱"的特点，不愧为太湖石的石中之宝。

　　乾隆见此石后，非常惊喜，亲笔题写了"云起"两字镌刻在石的南面中部，并特作了一首《云起风歌》，在歌中他将此石比作翻腾涌起的浮云，后人称之为云起之石，是北京的十大奇石之一。

知识点滴

　　关于快雪堂太湖石的来历，有两个版本的传说。

　　《水浒传》里曾描写宋徽宗耗费大量人力财力从太湖中捞取太湖石，运到汴梁建"艮岳园"，后来一部分成了北海的假山石。金攻打宋时，"艮岳园"被毁，但金世宗却非常喜欢园中太湖石，便从汴梁运到北京，让工匠按照原样进行叠放。

　　据说，当时为了加快运送太湖石，金世宗让人把太湖石折成钱粮让沿途各州府县用等量粮食支付其价款，所以这些山石也称"折粮石"。

　　另一说法，则是艮岳园运来的太湖石安放在北海琼岛之上，修建快雪堂第三进院落时，从琼岛移到了快雪堂院子里。

圆明园

圆明园坐落在北京西郊，与颐和园毗邻。它始建于1709年的清朝康熙年间，由圆明园、长春园、万春园三园组成。

圆明园有园林风景百余处，建筑面积近16万平方米，是清朝帝王在150余年间，创建和经营的一座大型皇家宫苑。

圆明园继承了我国3000多年的优秀造园传统，既有宫廷建筑的雍容华贵，又有江南水乡园林的委婉多姿。

同时，又吸取了欧洲的园林建筑形式，把不同风格的园林建筑融为一体，在整体布局上使人感到和谐完美，被誉为"一切造园艺术的典范"和"万园之园"。

定鼎中原后始建圆明园

　　北京的西郊，有连绵不断的西山秀峰。玉泉山、万寿山、万泉庄、北海淀等多种地形，自流泉遍地皆是，在低洼处汇成大大小小的湖泊池沼。

　　玉泉山水自西向东顺山势注入昆明湖，成为西郊最大的水面。这里开垦了大片水稻田，形成了自然风景区。

早在辽代，封建帝王就选中这里建造了玉泉山行宫。元明以来，这里也都成为皇帝游幸避暑之地。到了明代，这里的自然景色吸引了更多的人，于是一些达官贵人就占据田园营建园林别墅。

在明朝的万历年间，皇亲武清侯李伟，在这里大兴土木，首先建造了规模宏伟、号称"京国第一名园"的清华园。

后来，明代书画家米万钟又在清华园东墙外导引湖水，辟治了幽雅秀丽的"勺园"，取"海淀一勺"的意思。空旷郊野，出现了亭台楼榭与湖光山色交相辉映的景象，成为京郊名噪一时的园林汇集之地。

清朝入关以后，他们对北京盛夏干燥炎热的气候很不适应。紫禁城虽然建造得金碧辉煌、宏伟壮丽，但是清朝的皇帝却感到无比呆板憋闷。

康熙皇帝看中了西郊这块绝好的造园之地，于是，从康熙初年便开始大规模地兴建园林。

1688年，康熙皇帝下令在清华园的旧址上建造了面积达60万平方米的畅春园，他每年的大部分时间都在那里避喧听政，清代帝王园居生活自此开始。

在畅春园的周围，有很多明朝遗留下来的私家园林，清初时收归内务府奉宸院后，就把这些前明私园分赐给清皇室成员和王公大臣。

1709年，康熙帝将离北京西北郊畅春园北面一里左右的一座园林赐给第四子胤禛，即后来的雍正皇帝，并亲题园额"圆明园"。

当时的圆明园是一座约33万平方米的水景园，虽然也有所建造，但由于规模不能超过皇帝的畅春园，所以建景不多，名声也不大，远远比不上畅春园。

九洲清晏就是在此时建成的，在圆明园中，有三池较大的水域，为前湖、后湖和东湖，即福海。在后湖，湖面呈大清疆域的形状，九岛团团簇拥着明丽的湖面，呈"一统九洲，天下升平"的气象。

"天地之至数，始于一，终于九焉"。几经演变，冀、兖、扬、荆、豫、雍、幽、梁、徐或青的"九洲"已成为华夏的别称和我国的象征。

九洲一片安宁，湖水波平浪静，天下永久太平，这就是九洲清晏的寓意。九岛中的"九洲清晏殿"为圆明园四十景之一，也是九岛中最大的岛，面临前湖，背倚后洞，是一颗镶嵌在两池间的璀璨明珠。

九洲清晏标志着威严、正统的宫廷区结束，绚丽辉煌的园林景区揭幕。同时，这里又是圆明园历史的开始。作为胤禛的藩邸赐园， 1709年，康熙为建筑群中的圆明园殿御书了"圆明"两字。胤禛的理解为：

圆而入神，君子之时中也；
明而普照，达人之睿知也。

而他的儿子弘历却解释说："圆明之义，盖君子之中也。"

九洲清晏位于前、后湖之间，是帝后的寝宫区，是后湖景区最大的一组建筑群。该景中轴线上自南而北，分别是圆明园殿、奉三无私殿和九洲清晏殿，统称"圆明园三殿"。

三殿以游廊连接，形成两进院落，主殿是皇帝接见臣僚，处理政务之所。九洲清晏殿为七楹外加檐廊、抱厦。是皇帝在园内最主要的一处寝宫。

殿内铺金砖并有东西暖阁、仙楼、宝贝格等。东暖阁内有火炕和床，西暖阁有床和风扇。宝贝格内有古玩瓷器等陈设。

殿内还有自鸣钟、铜盆等。殿前安设铜仙鹤一对，有桂花罩棚、梅花罩棚各四座，仙鹤西侧还植有海堂、茶树各一株。殿后设有码头。殿东为"天地一家春"，院落层叠相套，是后妃们的寝宫，殿西是皇帝所居的"乐安和"。

知识点滴

　　据《乾隆穿戴档》记载：每次乾隆皇帝出游，都会从九洲清晏殿坐船先到对岸的慈云普护拜佛，然后乘船到万方安河改乘轿到月地云居上香敬佛，再到安佑宫祭祖。在看景观荷等游山玩水之后，到坦坦荡荡观鱼，最后回到九洲清晏殿。

　　祭祖是我国一项慎终追远的传统，过节总不会忘记祭拜死去的先人，春节也不例外。供奉食物或鲜花以表心意，是我国普遍采用的仪式，祭祖的形式或许因宗教信仰而不同，但纪念祖先的意义却是相同的。

慈云普护和镂月开云

慈云普护位于后湖中轴线上，是一处宗教建筑，南北长120米，东西宽90米，占地面积10000平方米，建筑面积800平方米。

其造景布景是仿浙江天台山的石桥幽致。整组建筑一面靠山，三面临水，主殿为一座二层建筑，名叫"慈云普护"。一楼上供奉观世音菩萨，楼下祀奉三国名将关羽神像。

二层楼往南是龙王殿，殿内供奉着圆明园福海的昭福龙王。龙王殿往南有前殿三间，外檐悬挂有雍正御书的"欢喜佛场"，殿前还有藤萝架一座，藤萝架旁还有一个牡丹花池。

九洲清晏西部有清晖阁，阁为上下各七间，轩宇高敞，乾隆皇帝弘历非常喜欢在这里看书、赏景，被誉为"御园第一避暑地"。

九洲清晏东为天地一家春，是皇后与妃嫔的寝宫，有大小数个院落，单独有宫门。

在天地一家春，传说发生了一件悱恻缠绵、影响历史的爱情故事。在很多年后的一天，咸丰帝游园经过圆明园的"桐荫深处"，听到有人在轻轻唱着一支南方民间小曲儿，很觉奇异。随侍内监告诉咸丰，这是一名叫玉兰的普通宫女，幼年随父生活在江南，因此颇为擅长南方小调。

咸丰步入桐荫深处，命她接着唱，婉转动听的歌声让咸丰如醉如痴。自此，兰儿得宠，成为贵人，继而封为懿嫔。她为咸丰生下皇子载淳即同治，再晋封懿妃，懿贵妃。就从"桐荫深处"走进了"天地一家春"。

她就是后来统治我国48年的末代"女皇"慈禧。"天地一家春"也顺理成章成为了慈禧的寝宫。

"乐安和"曾为乾隆居住。假山叠石，藤萝花架，假山上建有玉兰亭，一派园林风趣。西后为"清晖阁"，存放着雍正的《圆明园记》、乾隆的《圆明园后记》和宫廷画师沈源、唐岱等人绘制的四十景图。阁前有露香斋、茹古堂、松云楼、涵德书屋等。

乐安和北面的怡情书室，传说是乾隆的书斋。再北是矩形金鱼池，池北游廊设漏窗，西北角的鱼跃鸢飞，濒临后湖，近水楼台，轻盈，剔透。远眺鸢飞，近观鱼跃，不亦乐乎。

紧接着，又建造了长春仙馆，长春仙馆位于前湖西面，九洲清晏的西南角，门三楹，殿五楹，殿后有绿荫轩、丽景轩、春好轩、含碧堂和林虚桂静，它们曾是弘历年轻时读书的地方。西岸还建有御膳房、御茶房、御药房、太监值班房等。

正北跨溪建有亭桥一座，名叫"鸣玉溪"，西为藻园。占地面积

3700多平方米。乾隆即位前曾居于此，有殿门三间，正殿五间。

九洲清晏的东岸为天然图画，几乎占据了整个东岸，突出的楼台面向后湖。南北长150米，东西宽110米，占地面积16000平方米。

主体建筑为一方楼，楼北为朗吟楼、五福堂、竹深荷静，西为静知春事佳景观，东为苏堤春晓景观。

南部凿池，临池布置了带抱厦的五福堂和漏窗花墙。北部筑院，屋顶为重檐歇山卷棚顶。

临湖建有朗吟阁和竹蘏楼。登楼可远眺西山群岚，中观玉泉万寿塔影，近看后湖四岸风光，景象万千，宛如天然图画一般。这一景的园林植物配置也独具匠心，院内有翠竹万竿，双桐相映。

巨石高峰叠翠耸立，山间树木挺立成林，云气烟岚环绕不散，溪水蜿蜒而伸。

湖面涟漪，渔舟点点，山峦平坡，树木繁茂葱郁，涧水曲折回转急流，楼台亭阁隐现。意境深幽，恬静秀丽。

牡丹台的主体建筑为纪恩堂，位于九洲清晏之东，后湖的东南角，与天然图画相邻。南北长108米，东西宽95米，占地10000平方米。

在汉白玉的台基上，有一座三开间宫殿，建筑木料以楠木为主，琉璃歇山顶，殿顶覆黄蓝两色琉璃瓦，拼成图案，灿若金碧。

殿前平地，列置奇石，平台之上，植牡丹数百本，初夏怒放，姹紫嫣红，迎风飘香，雍容富贵，花团锦绣。

　　后来，在1744年，乾隆皇帝将牡丹台改名为"镂月开云"。

　　1744年，乾隆将牡丹台改名为"镂月开云"。传说名字源于乾隆的一个梦境。

　　乾隆在天然图画楼午睡，做梦飘向了牡丹台。朵朵白牡丹变成了朵朵白云，将他团团围住，忽又飘出了条条白绸带，缠住了他的脖子。

　　乾隆大惊失色，高呼："救驾！"贴身侍卫持剑跑来，只听当啷一声，乾隆从噩梦中醒来。

　　原来，一个前来献宝剑的太监不慎将名为"镂月"的宝剑跌落在地上。因为"镂月"剑在乾隆的梦中驱赶白云，救驾有功，被封为镇园剑，悬挂在牡丹台殿堂高处，牡丹台也就被改为"镂月开云"了。

知识点滴

雍正时期步入鼎盛发展

　　1723年，胤禛即位，年号为雍正。随着胤禛的登基和清王朝的太平盛世到来，雍正开始拓展圆明园，并在园南增建了正大光明殿和勤政亲贤殿以及内阁、六部、军机处诸值房，御以"避喧听政"。

　　圆明园的总设计师是叫雷金玉的建筑师，他是在修建紫禁城时被康熙看中的。但在实际建造中大多还是皇帝的看法，不论是康熙、雍正还是乾隆都亲自指导。

正大光明殿是圆明园的正殿，是皇帝每年举行生日受贺、新正曲宴亲藩、小宴廷臣、中元筵宴、观庆龙舞、大考翰詹、散馆乡试及复试的地方。

正大光明殿面阔七间，进深五间，前后有出廊，灰瓦，卷棚歇山顶。左右有东西配殿五楹，分别为茶膳房、御书房、清茶房和军机处。殿内还有雍正帝和乾隆帝手书的楹联：

心天之心而宵衣旰食；
乐民之乐以和性怡情。

遹求宁观成，无远弗届；
以时欢育物，有那其居。

东壁悬有御书《周书·无逸》，西壁悬有《豳风图》。殿后有寿山，山上有笋石，后来被移到颐和园的仁寿殿中。

　　大殿的正中是皇帝宝座，为紫檀木所制，做工精美，宝座上覆盖着黄色绣缎套子，宝座位于高台之上，下面有三级台阶，台四周环以红漆木栏杆，雕刻着玫瑰等花卉，精美富丽。

　　宝座两边竖有高高的屏风，屏风上装饰着蓝翡翠和孔雀毛，雀羽上点缀着红宝石和碧玉。宝座上铺着精美的绣花椅垫。

　　宝座正上方悬挂着"正大光明"的4字匾额，这是一块墨拓纸匾，上面书有"正大光明"四个白色的大字，随着时间的推移，白色已变为黄色了。

　　正大光明匾额为雍正手书，语出宋时朱熹《朱文公集·三八答周益公书》：

　　　　至若范公之心，正大光明，故无宿怨，而绻绻之义，实在国家。

　　意思为正直无私，光明磊落。

　　木质天花板雕镂着深深的花纹，悬吊着晶莹剔透的刻花玻璃灯具，窗户上糊着白色的高丽纸。在正大光明殿西墙上还悬挂有一幅圆明园全景大观图，大得几乎盖住了整面墙。

东墙则悬挂着乾隆御书的《御书周书无逸篇》。乾隆皇帝很欣赏这里的格局，称赞道："不雕不绘，得松轩茅殿意。"

勤政亲贤殿在正大光明殿的东侧，"勤政亲贤"一词出自三国时期，蜀国丞相诸葛孔明在后出师表中劝告皇帝要亲贤人，远小人，要勤于政事。

在殿内正中是皇帝处理政务的御座，御座之后高大的屏风上有雍正的手书"无逸"，所有的一切都是一脉相承，意在自勉。

在我国的历史上，雍正帝是一个十分罕见的勤奋异常的皇帝。深夜，整个帝国都进入了梦乡，但是在圆明园中的雍正还在批阅着奏折。

根据大清的律例，三品以上的高级官员，都可以直接给皇帝写密折，奏事言情。这是雍正与他的高级官员们的重要也是主要的沟通手段，皇帝必须在每个奏折上面写下自己的意见。

清宫档案记载，一年当中，雍正只有在自己生日的那天才得以休息。在13年的当政期间，雍正每天的睡眠时间不足4个小时。以汉文写的朱批奏折多达22000多件，以每件朱批平均为100字计算，字数就有220多万字。

勤政亲贤殿内宽敞明亮，陈设讲究。殿前院落，回廊曲径，清幽雅致。东北的一所院落里有飞云轩、静鉴阁、怀清芳、秀木佳荫、生秋庭等馆轩。

东边的院落由碧芳丛、保合太和、富春楼以及竹林清响殿等组成。每到夏季，清帝由勤政殿迁到碧芳丛，"阅揽批章，传膳办事"。碧芳丛东面为十八间库，储藏着皇帝后妃的各种服装和用具。

院落的北部正中是一座带三间抱厦、面阔九间的保合太和殿，殿内分隔成三大间，异常豁朗，地板是拼成美丽图案的大理石，天花板上，悬挂着灿烂的玻璃灯架。

　　墙壁四周雕花紫檀桌子和茶几上，摆列着景泰蓝和珐琅质的瓶子和杯盏，镀金和纯金的钟，还有很大的玻璃镜子，镶在紫檀雕花的框座里面。

　　保合太和殿的后面是"富春楼"，有一架螺旋形梯子通到楼上，上面一排屋子中收藏着许多名贵的古字面，还有西洋油画、雕塑等美术品。富春楼的西边还有临近前湖的"生秋亭"等建筑。

　　北部有门，通向一个小石子铺成的甬路，可通行马车，保合太和殿东西各有院落。

　　西院自南而北建有飞云轩、四得堂、暖阁、秀木佳荫、生秋亭五进厅堂轩阁，都是妃嫔的寝宫。绣房内，铺陈华丽，点缀新奇。

　　东院是一处很大的库房，称为十八间库，里面装满了一箱箱的皮货、瓷器和绣花衣服鞋子。皮货中有银鼠、黑貂、灰鼠、细骆驼绒、珍珠皮、黑狐等珍贵的皮衣。

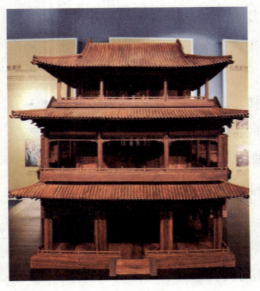

库房里还装着许多龙袍，蓝、黄、橙、紫各色华丽的绸缎上，绣着精美细致的花样，色彩协调，配置巧妙，五爪金龙盘绕其上，其做工精细，是无与伦比的。

库内还储藏有我国历代的名人字画以及像景泰蓝、珐琅质和瓷质的玩器，还有西洋的贡品。另外，还堆积着足够当时北京半数居民穿用的绸缎和其他衣料。

1725年，雍正帝胤禛在圆明园南面增建宫殿衙署，占地面积扩大到约200万平方米。此后，圆明园不仅是清朝皇帝休憩游览的地方，也是朝会大臣、接见外国使节、处理日常政务的场所。

知识点滴

在勤政亲贤殿的东、北、西三面山水环绕，山上有采自京郊的假山石。假山石是一种石灰岩，有水、旱两种，形状各异，姿态万千，通灵剔透的假山石，前人论及假山石，最能言其本："石本无性，采后复生"。

这里的景色幽美，林径四达，奇石异卉，布置在各个院落当中，特别是碧芳丛，修竹摇曳，绿荫掩映，清爽宜人。

微风乍起，万竿摇空，如细雨沙沙轻落，婆娑月光掠过竹枝，疏影斜洒，如烟似雾，是宫廷区不可多得的一景。

乾隆扩建成圆明三园

乾隆帝即位之后，对圆明园是岁岁营构，日日修华，浚水移石，费银千万。不仅在圆明园内调整了园林景观，增添了建筑组群，而且还在圆明园的东邻和东南邻兴建了长春园和绮春园。这三座园林，都在圆明园管理大臣的管理之下，称为圆明三园。

长春园初称"东园"，南北长约220米，东西宽约95米，原有建筑

面积2750平方米，占地约21000平方米，相当于圆明三园总面积的五分之一。

淳化轩是长春园主体建筑，始建于1745年，是乾隆为归政后颐养天年而建的。淳化轩位于长春园中心地带的含经堂，建成时正逢《重刻淳化阁贴》竣工，于是就

将刻板嵌于左右廊的廊壁上，淳化轩由此得名。

《淳化阁帖》原是北宋淳化三年，也就是992年摹刻的，包括王羲之、王献之乃至苍颉、夏禹、孔子等99人的书法名迹，具有相当高的历史研究价值。

鼎盛时期的含经堂，四周山水花木环抱，是长春园内最大的园林建筑风景群，占地45000平方米。主要建筑分三路轴线纵向并列，共有大小殿座近30座。

含经堂西为思永斋，建工字殿17楹。思永斋前建小有天园，思永斋北为海岳开襟，是湖面上建造的双层圆形石台，上有殿宇三层。海岳开襟之东隔水为仙人承露台，台南为茜园，以石取胜，建有茜园八景。

乾隆帝自杭州运来的南宋德寿宫遗石"青莲朵"就陈列于此。含经堂的东面为玉玲珑馆、鹤安斋、映清斋、茹园和鉴园等，园东北角为狮子林。

狮子林有一水关即进水口，一水门即出水口，上面各有一座石拱桥，名叫虹桥。桥身两边各有几首石刻诗词，落款有乾隆题刻印。

水关南岸置石刻乾隆御笔"狮子林"三字匾。在石匾的背面及水关拱石的内外侧，共有乾隆至嘉庆时期御制的"狮子林"诗刻石十幅。清代学者俞樾赞誉狮子林为：

五复五反看不足，九上九下游未全。

绮春园早期曾是清怡亲王允祥的御赐花园，名为"交辉园"。到乾隆中期该园又改赐给大学士傅恒，易名为"春和园"。后来春和园归入圆明园，正式定名为"绮春园"。

绮春园的宫门，在园子的东南部，被称为"新宫门"。宫门为三开间，前面建有影壁和东西朝房各五间，门内有月牙形的御河流过。

通过御桥之后是二宫门。中央是绮春园的正殿迎晖殿，殿北有两条长廊与中和堂相连。

中和堂北面是一座小型山丘，山北则是皇家的寝宫区，寝宫区是园内最重要也是最大的建筑群，它的主要建筑是集禧堂和后来改名为敷春堂的永春堂。

绮春园的中心地带有几处别致的小园，分别是展诗应律、春泽园、生冬室、卧云轩、四宜书屋等建筑群，这几处小园，由蜿蜒的水道分隔开来，相互掩映，相互藏露，如诗画般隽永，极富韵味。

绮春园的西南及东北部以水面风景见长，各有较大的湖面和岛屿，构成独特的景色，绿满轩、畅和堂和澄心堂都建在西南岛屿上，凤麟洲、仙人承露台等则建筑在东北部的岛屿之上。

据说，从东西南北任何一个方位看仙人承露台，都可以欣赏到一个仙人衣衫飘拂的潇洒剪影。

绮春园的西部为清夏堂，占地6600多平方米，整个建筑形状呈"工"形，是一处盛夏闲居的典型园林，主体建筑以外，尚有亭台、游廊点缀，庭院里植有苍松修竹，室外则有小巧灵秀的湖山在望。

在绮春园南部还有一个相对独立完整的建筑群正觉寺，是一座藏传佛教寺庙，本身有独立对外的南门，后门与绮春园内部相贯通。

此外，在圆明园福园门南，绮春园西墙外，还有一座名叫"澄怀园"的特殊花园，这是专为南书房和上书房词臣所设的寓所，俗称翰林花园，是南书房和上书房翰林的值庐，这是清廷对汉族官员的最高礼遇，后来的咸丰皇帝曾有诗道：

墙西柳密花繁处，雅集应知有翰林。

澄怀园实际上是圆明园的附属花园，它的护卫和管理都由圆明园管园大臣统一负责。

福海是圆明园三园中最大的水面，东西南北各宽600米，总面积约为28万平方米，加上周围的小水域共计约32万平方米。

方壶胜境位于福海东北岸湾内，是圆明园中最为美丽的建筑。

方壶胜境前部的三座重檐大亭，呈"山"字形伸入湖中，中后部的九座楼阁中供奉着2000多尊佛像和30余座佛塔，建筑宏伟辉煌，是一处仙山琼阁般的景观，主题阁楼实为一座寺庙建筑。

方壶胜境原是海神祭祠，是我国园林中仅有的一座。它是面临福海东北的一个内湖，大小水面之间有一座可开启吊桥作示意性分隔，当桥开启，大的龙舟可由福海进入内湖，直达突出湖中的迎薰亭。

主体建筑是对称布置、前后三组的殿堂，上覆黄色琉璃瓦，倒映于水面上，犹如仙山的琼楼玉宇极为壮观。特别当人透过桥洞，远望福海中心的蓬岛瑶台时，更会产生漫游在仙境的观感。

整个建筑群采用对称布局，由一个中轴线连着南北两个群组。南面的一组建筑修建在高大的汉白玉基座上，正殿为临湖二层楼宇，上层外檐悬挂铜镀金字匾"方壶胜境"，下层外檐悬挂"宜春殿"。

方壶胜境楼下设有宝座，四周摆放有大量古董，楼上为佛楼，供有大小佛像1000多尊。方壶胜境前设有汉白玉护栏，东西各有游廊与临湖的三个亭子相连接。西边的亭子叫"凝祥亭"，东边的叫"集瑞亭"，此二亭屋顶形式与紫禁城角楼很相似。

在两亭之间湖面高台之上建有四方凉亭一座，外檐，悬挂乾隆御书"迎薰亭"铜镀金字匾额。此亭的名称和形制与南海瀛台的"迎薰亭"基本相同，亭内设有宝座，皇帝喜欢在此纳凉观景，四周立铜鹿、铜鹤各两对。

亭南设有台阶，平时可作码头，皇帝乘船由福海驶进方壶胜境景区就在此上岸。在迎薰亭北建有一座三孔石桥与北面的方壶胜境殿相连接，桥南北两端还各建有一座小型琉璃牌楼。

在方壶胜境殿后为六栋二层歇山楼阁，楼阁之间有游廊相连接围成一个封闭空间，整体建筑坐落在高出地面3米左右的平台上。

南部平台上摆有铜鹤、香炉和湖石。中间庭院内还种植有玉兰和苍松。游廊上部是露台，可自由穿行于两楼二层之间。

南面的楼阁叫"哕鸾殿"，殿的规模与形式与方壶胜境殿相同，哕鸾殿楼下设有宝座，此殿为皇帝寝宫，殿内设有床，哕鸾殿楼上为佛堂，供有大小佛像200多尊。

哕鸾殿后为琼华楼，"琼华楼"三个铜镀金字匾为乾隆御书，挂在楼外檐上。琼华楼比起前两座略小一些，楼内设有供帝后休息的床。楼上楼下均供奉有大小佛像及佛塔近千尊。

在琼华楼东有一个独立的小院名叫"蕊珠宫"，小院建有正殿与东西配殿，正殿为三间南向，殿内设有暖阁，这里是帝后来方壶胜境游玩的主要寝宫。

另外，在琼华楼北湖北岸还有一组小院落，乾隆起名叫"天宇空明"。此景在乾隆初年就已经建成，后来又进行了大规模的添建。

前殿天宇空明坐北朝南，是此景区正殿，后殿叫"澄景堂"与前殿有游廊相连接，殿内原收藏有乾隆《重刻淳化阁帖》和《西洋楼铜版图》各一套。在天宇空明殿前临湖还修有四方亭一座，亭内挂乾隆御书"圆翠"。

在方壶胜境以西还建有一组十分有意境的景区三潭印月。三潭印月与西湖三潭印月同名，是圆明园仿建西湖十景之一。

"三潭印月"是由佛语而来，佛语："宗门有三印，谓印空、印水、印泥"。此景建于乾隆初年，在方壶胜境西河池水竖立仿西湖三座砖塔，砖塔高2.4米。

在三塔西为青石叠成的二仙洞，洞口上有活水滴落形成两个小水帘洞，在三塔东建有跨河敞榭，敞榭挂乾隆御书"三潭印月"黑漆金字匾。傍晚皇帝可在敞榭内欣赏三潭印月的景观。在敞榭东建有单孔石拱桥，乾隆赐名"涌金桥"。

三潭印月虽与西湖三潭印月同名，但除水中三座灯塔外与西湖并没有太大相同之处，圆明园三潭印月显得更加小巧玲珑，此景北、西、南被土山围住，东为跨水敞榭，皇帝乘船从福海至此，湖面逐渐缩小，建筑从大至小，层层深入，令人流连忘返。

乾隆皇帝在《圆明园四十景·方壶胜境·诗序》中描述方壶胜境时，写道：

海上三神山，舟到辄风引去，徒妄语耳。要知金银为宫
阙，亦何异人寰？即境即仙，自在我室，何事远求？此方壶
所为寓名也。东为蕊珠宫，西则三潭印月，净渌空明，又辟
一胜境矣。

飞观图云镜水寒，拿空松柏与天参。高冈翔羽鸣应六，
曲渚寒蟾印有三。拿匠营心非美事，齐人扼腕只虚谈。争如
茅土仙人宅，十二金堂比不惭。

蓬岛瑶台是位于福海中的三个小岛，雍正时期名为"蓬莱洲"，
三岛仿李思训画意，为仙山琼阁之状，象征东海蓬莱、方丈、瀛洲三
仙山，也是为了追求人间仙境，祈求长生不老的一厢愿望。

三岛位于福海中心，由两座木桥将三岛相连接，正中为大岛，岛
上正殿叫"蓬岛瑶台"，殿内设有宝座并设有床。殿内还收藏有《重
刻淳化阁帖》和《西洋楼铜版图》各一套。

在蓬岛瑶台大岛的西北和东南还各有一个小岛，西北岛上建有太监值班房，皇帝经常来岛游览，御膳房、御茶房都设在这里。

东南岛上建有一座六方亭，岛上堆有大量山石，还立有很多御制刻石头，雍正、乾隆、嘉庆、道光和咸丰皇帝都有御制诗描写蓬岛瑶台景区，这在圆明园甚至整个清代皇家园林中也是不多见的。

福海在清朝每年端午节都要举行龙舟竞渡，皇帝与皇太后分别在望瀛洲和蓬岛瑶台观赏龙舟竞渡。

在福海的东南角为接秀山房，占地面积12500平方米。建筑形式与涵虚朗鉴很相似，都是沿岸布置，南北遥相呼应，使福海东岸景观显得十分和谐。

接秀山房主殿为西向三间大殿，檐下挂着雍正御笔的"接秀山房"匾。殿两端伸出游廊，将南面揽翠亭与北面的澄练楼完美地连接了起来，加强了建筑的整体感。

在接秀山房殿以南，原有一组独立的建筑名叫"观鱼跃"。在嘉庆时被拆除进行改建，建成南向三进五间大殿。嘉庆曾御书"观澜堂"挂在大殿檐下，新建成的观澜堂与九洲清晏的慎德堂很相似，是福海沿岸最大的建筑。

观澜堂装饰得十分华丽，整个宫殿房梁、柱子、门窗和室内家具都采用了珍贵的紫檀木，上面镶嵌了金、银，以及珍珠和翡翠等珍贵宝石。

堂东为佛堂，西设有宝座床可供皇帝休息，嘉庆、道光和咸丰三位皇帝都喜欢居住在这里，并留有大量描写观澜堂的诗句。

平湖秋月位于福海北岸，是圆明园内的西湖十景之一，占地面积为20000平方米。平湖秋月的正殿为三间大殿，檐下悬挂雍正御书的"平湖秋月"匾。

盛时逢年过节，这里都会悬挂两对五福骈臻灯和四对六方绢画。殿内收贮一柄棕竹边文竹股心铜轴两面黑底平湖秋月应景字画扇，一面为词臣曹文植字，一面为画师李秉德画。

正殿北建有敞厅三间，外檐挂乾隆御笔的"花屿兰皋"匾，西北角有游廊与流水音亭相连接，殿前有临水敞厅三间，临水敞厅紧临水面，大有"近水楼台先得月"的意境，坐在敞厅内可欣赏福海西岸与东岸的美丽景色，也是祛暑纳凉的好地方。

在平湖秋月殿东面有一座吊桥，福海的大型游船都是从这里进入北面的大船坞停靠的。

桥的东端高台之上建有一座重檐攒尖顶木亭，亭外悬挂乾隆御笔"两峰插云"的匾，与杭州西湖"两峰插云"同名，是圆明园内西湖十景之一。

每到九九重阳节，这里都是帝后的登高之处。

曲院风荷殿地处福海与九洲之间，是一个过渡的景点，也是圆明园中仿建西湖十景规模最大的一处。在曲院风荷殿西建有一座两层小楼，楼内供有佛像，乾隆赐名为"洛伽胜境"，是照浙江定海的普陀山仿建的。

洛伽胜境居曲院风荷殿西，为二层三间，外檐悬乾隆御书"洛伽胜境"匾。嘉庆皇帝曾四次题咏《落迦胜境》。洛伽又称普陀落迦，南海落迦实即东海普陀，为佛教四大名山之一。

曲院风荷殿前有一座桥亭，因桥内铺棕，所以俗称"棕亭桥"。其实，过棕亭桥就是一个人工挖掘的大荷花湖，湖面南北长240米，东西宽80米，中央是一座九孔石桥。

九孔石桥又称金鳌玉蝀桥，九孔桥南北河池中，荷花特盛，红衣映波，长虹摇影，是三园中最长一座石券桥。

石桥的东西各立有牌楼一座，西边牌楼题匾"金鳌"，东边牌楼题匾"玉蛛"，所以此桥又称"金鳌玉蛛桥"，此桥也是圆明园内最大的一座石桥，在桥东还建有一座上圆下方四方重檐亭，乾隆御书"饮练长虹"匾就挂在亭中。

在湖南岸建有船坞一座，船坞停靠着供帝后游览福海的大小船只，是圆明园内较大的几处船坞之一。

曲院风荷以观荷为主题。"曲院"原是南宋朝廷开设的酿酒作坊，濒临西湖湖岸，近岸湖面养殖荷花，每逢夏日，和风徐来，荷香与酒香四处飘逸，不饮亦醉。

曲院风荷最引人瞩目的仍是赏荷。园内大小荷花池中栽培了上百个品种的荷花，其中特别迷人的要数风荷景区。

这里以水面为主，分布着红莲、白莲、重台莲、洒金莲和并蒂莲等名种荷花，莲叶田田，菡萏妖娆。

水面上架设了造型各异的小桥，人从桥上过，如在荷中行，人倚花姿，花映人面，景色异常怡人。

西洋楼及其周边建筑

　　为了追求多方面的乐趣，在长春园北界还引进了一区欧式园林建筑，俗称"西洋楼"，由谐奇趣、线法桥、万花阵、养雀笼、海晏堂、远瀛观、大水法、观水法、方外观、线法山和线法墙等十余个建

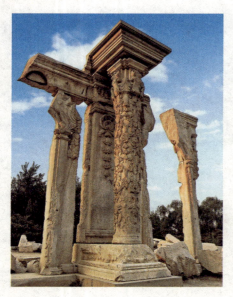

筑和庭园组成.

于1747年开始筹划，至1759年基本建成。由西方传教士郎世宁、蒋友仁、王致诚等设计指导，我国的匠师建造完成。

建筑形式是欧洲文艺复兴后期"巴洛克"风格，造园形式为"勒诺特"风格。但在造园和建筑装饰方面也吸取了我国不少的传统手法。

建筑材料多用汉白玉石，石面精雕细刻，屋顶覆琉璃瓦。西洋楼的主体，其实就是人工喷泉，时称"水法"。

特点是数量多、气势大、构思奇特。主要形成谐奇趣、海晏堂和大水法三处大型喷泉群。

西洋楼的整个占地面积并不大，只是一个很小的局部而已，但它却是成片建仿欧式园林的一次成功尝试。这在东西方园林交流史上，占有重要地位，曾在欧洲引起强烈反响。

一位目睹过它的西欧传教士赞誉西洋楼是集美景佳趣于一处，凡人们所能幻想到的、宏伟而奇特的喷泉应有尽有，其中最大者，可与凡尔赛宫及圣克劳教堂的喷泉并驾齐驱。

谐奇趣位于西洋楼的最西部，由主楼、主楼前后喷泉及北边的供水楼组成。谐奇趣由乾隆命名，取西洋喷水和谐有趣之意。楼的左右两侧，从曲廊伸出八角楼厅，是演奏中西音乐的地方。

大水法是西洋楼最壮观的喷泉，它的建筑造型为石龛式，酷似门洞。下边有一大型狮子头喷水，形成七层水帘。前下方为椭圆菊花式喷水池，池中心有一只铜梅花鹿，从鹿角喷水八道。两厢有十只铜狗，从口中喷出水柱，直射鹿身，溅起层层浪花。

大水法左右两侧的前方，各有一座巨大的喷水塔，塔为方形，13层，顶端喷出水柱，塔四周有88根铜管，也都一齐喷水。

当年，皇帝是坐在对面的观水法，观赏这一组喷泉的，英国使臣马戛尔尼、荷兰使臣得胜等，都曾在这里"瞻仰"过水法奇观。

海晏堂是西洋楼最大的宫殿，主建筑正门向西，阶前有大型水池，池左右呈八字形，排引有鼠、牛、虎、兔、龙、蛇、马、羊、猴、鸡、狗、猪12只兽面人身铜像，正是我国的十二属相。

每昼夜依次辍流喷水，每隔一个时辰或是在正午时刻，十二生肖都会一齐喷水，俗称"水力钟"。

生肖铜像身躯为石雕穿着袍服的造型，头部为写实风格造型，铸工精细，兽首上的褶皱和绒毛等细微之处，都清晰逼真。铸造兽首所选用的材料为当时清朝廷精炼的红铜，外表色泽深沉、内蕴精光，历经百年而不锈蚀，堪称一绝。

蓄水楼是意大利传教士郎世宁和法国传教士蒋友仁专为大水法和海晏堂的喷泉供水而修建的。最早修建时为两层，是由沙子、白灰和黄土混合而成的"三合土"修建而成，因而比一般黄土基座更加坚固。

大水法对面就是观水法，观水

法坐南朝北，是清朝皇帝观赏大水法喷泉的地方，观水法正中石台上设宝座，其后是由五件石雕并列而成的大型石屏风，分别刻有夕阳军旗、甲胄、刀剑和枪炮等图案。

围屏东西侧各列汉白玉方塔一座，再向外侧各有一座巴洛克式西洋门，出门向南可拾级登临泽兰堂。

方外观坐落于海晏堂的西侧，只残留下了四根巨型雕花石柱，但仅凭着这几根石柱上的精美雕花，可以想象出当时方外观在东侧的谐奇趣映衬下是何等地精致与小巧。

方外观原为两层西式小楼，是乾隆皇帝特为香妃做礼拜而修建的。屋顶为重檐五殿顶，配以蓝、绿两色琉璃瓦，是建筑等级中的最高等级。

一层从券门进入，二层有东西角门，可以从楼外的环形楼梯直接进入。在楼内放置有两通刻有古兰经的碑文，并在墙上刻有阿拉伯文字。据说，当年乾隆皇帝为了缓解香妃的思乡之情，准许她可在后宫

身着维吾尔族服装，并下令"方外观"内的所有宫女也身穿维吾尔族
服装。

　　每周香妃在"方外观"做礼拜时，乾隆帝都会在楼外的方亭里静
静地等候。

　　　　西洋楼还建有万花阵，亦称黄花阵，是仿照欧洲的迷宫而
建的花园。用4尺高的字图案的雕花砖墙，分隔成若干道迷阵，
因而称作"万花阵"。

　　　　虽然从入口到中心亭的直径距离不过30余米，但因为此阵
易进难出，容易走入死胡同。

　　　　每当中秋之夜，皇帝就会坐在阵中心的圆亭里，太监和宫
女们手持黄色彩绸扎成的莲花灯，寻径飞跑，先到者便可领到
皇帝的赏物，所以也叫黄花阵或黄花灯。

知识点滴

炫美壮观的后湖景区

　　曲院风荷殿建成之后不久，乾隆皇帝又策划建造了后湖景区。

　　碧桐书院南北长120米，东西宽115米，占地约13500平方米，是用建筑和围墙围成近十个朴素的庭院，院中碧桐矗立，绿荫如盖，如置身清凉境界，是夏日纳凉的好地方。

　　碧桐书院"前接平桥，环以带水"，前殿三楹，中殿、后殿各五楹。其西南高峰处为"云岑亭"。

碧桐书院功用为书院，四边围以两座山，与外界隔绝，造成静室读书之意境。

碧桐书院植物以梧桐著名，乾隆在"碧桐书院"御制诗序中说：

前接平桥，环以带水。庭左右修梧数本，绿荫张盖，如置身清凉国土。每遇雨声疏滴，尤动我诗情。

梧桐广叶青阴，繁花素色，"家有梧桐树，何愁凤不至"，梧桐被看作是韵雅圣洁之树。

碧桐书院四面环山，林木茂密，是一处非常清静的地方。碧桐书院的建筑由错落有致、形态各异的大小院落组成，共三进院落。

正殿檐下悬有"碧桐书院"匾额。殿内还设供皇帝休息的床和炕等，是清帝读书、作画的地方。书院周围种植大量梧桐树，古人认为梧桐可以招来凤凰。

每当皓月当空，月移影动，或霎雨霏霏，疏雨滴梧桐。自成"月转风回翠影翻，雨窗尤不厌清喧"的佳境。秋天更是桐花乱洒，翠叶萋萋，枫叶吐红。

乾隆皇帝在诗中曾赞美道：

月转风回翠影翻，雨窗尤不厌清喧。
即声即色无声色，莫问倪家狮子园。

诗中提到的倪家，即元代大画家倪云林，倪云林很爱干净，家中种有数株梧桐树，每天都叫书童洗刷干净。乾隆皇帝把自己比作倪云林，意思是向他人说明自己也是一个爱干净的画家。

上下天光是仿《岳阳楼记》中对洞庭湖的描写而建，成功地再现出了"縠纹倒影，晃漾楣槛间，凌空俯瞰，一碧万顷，不啻胸吞云梦"的气势。

上下天光三面环山，南临后湖，有楼台滨湖伸入水中，左六角亭"奇赏"，右六角亭"饮和"，平台东西两端各有九曲平桥。桥上列凉亭，楼后为平安院，一条小路蜿蜒隐现，伸向远方。

后湖面积仅40000平方米，尽管没有"衔远山，吞长江，浩浩荡荡，横无际涯"的洞庭气势。但登上两层楼台，俯瞰后湖开阔的湖面，以及隔湖东、南、西三方临湖景胜，也能"向若而叹"。

朝晖暮霭，万顷烟波，"上下水天一色，水天上下相连"的万千气象，令人神清气爽，心旷神怡。

上下天光的主体建筑叫"涵月楼"，是一座两层敞阁，外檐悬挂有乾隆御笔的"上下天光"匾额。

涵月楼是一组临水建筑，此建筑盖在一座石平台上，前半部伸向水中，建筑东西两边各有一组水亭和水榭，用九曲桥连在一起。楼后东北添建一方形亭式建筑，及一座大值房院。原楼前曲桥、亭榭及楼北平安院值房。

此外，在"涵月楼西夹河"还添建了一组园林建筑，包括敞厅、方亭和曲廊。

这组建筑修建得十分巧妙，站在水榭上如同站在美丽的图画中。到了道光年间，对上下天光做了很大的变动，拆除了原来的曲桥，亭榭和曲廊，整个建筑改为码头，这次改建使原有的意境大为减损。

每到中秋佳节，道光皇帝在此楼侍奉皇太后赏月，祭祀兔儿爷。直到圆明园被毁的时候，上下天光仍在修建，为咸丰皇帝过30岁生日而添搭天棚。

坦坦荡荡紧靠后湖西岸，是圆明园中专设的养鱼区，四周建置馆舍，中间开凿大水池，占地面积约1050平方米。坦坦荡荡仿杭州西湖"花港观鱼"一景的意境而建，是皇帝观赏金鱼最佳处，俗称金鱼池。有一次，乾隆皇帝曾在圆明园居住了157天，来金鱼池喂金鱼达

72次之多。

坦坦荡荡分南北两大景区，南面是一组中式建筑，中间正殿外檐悬挂乾隆皇帝御笔的"素心堂"匾，是帝后及皇太后来此游玩、休息的地方。素心堂东殿为半亩园，是帝后及皇太后进膳的地方。

在中式建筑的北面就是坦坦荡荡的主要建筑，也是圆明园内最大的观鱼池。大型方整的观鱼池，四周是整齐的石岸，岸上围以汉白玉栏杆。池中央设水榭，列湖石，幽雅别致。

观鱼池平面呈正方形，中间建有一敞榭，外檐悬挂有乾隆御笔的"光风霁月"匾。

光风霁月殿南北有三组鱼池，南面的要大一些，北面两个池子略小一些。西北方的水池中建有一座四方亭，清朝皇帝很喜欢在此亭内观赏金鱼。

整个鱼池中养有各种小大金鱼数千尾，乾隆皇帝非常喜欢此景，每次来圆明园都必到此地，并在此咏诗数首。

金鱼池内建有太湖石围成的鱼窝数个，这种设计十分微妙，每到冬天鱼池水面结冰，但由于鱼窝内很深，温度较高，鱼可以在鱼窝内过冬，这样就免去了秋季捞鱼的麻烦。这种形式的鱼池，在清代皇家园林中是不多见的。

山高水长楼位于圆明园西南的一处空旷之地，占地面积1150平方米，俗称"西园"或"西苑"，整个建筑群呈"卍"字形，由建筑在水中的33间殿宇组成，其寓意是祝福大清天下长治久安，乾隆皇帝亲赐名叫"山高水长"。

这里地势平衍，园囿宽敞，是清朝历代皇帝宴请外藩使节及王公大臣观看游艺节目、欣赏火戏烟花和训练圆明园卫戍的地方。

山高水长主体建筑为一座卷棚歇山楼，外檐悬挂乾隆御书的"山高水长"匾额。

山高水长的西面设有供骑射比赛用的马道，清朝皇帝会定期在这里观看八旗比赛，表示任何时候都不要忘记满族的民族特点，不要忘记先祖们是从马背上打下的天下。

这里还是清朝皇帝设武帐宴的地方。武帐宴俗称"大蒙古包宴"，开始于雍正时期，到乾隆时已达全盛，每年正月十三前都要举办一次，宴请者主要是蒙古王公和外国的使节等。

到元宵节，山高水长还要举行盛大的"火戏"，也就是放烟火。同时还有善扑营表演撩跤，也就是摔跤，健锐营表演枪技，另外还有回部表演铜绳技，同时还演奏蒙古、朝鲜等民族的乐曲。在山高水长南部，还建有存放武帐宴及放烟火的十三所。

山高水长"土墙"诗碑原在圆明园山高水长楼的西北部，碑两侧分别刻有乾隆丁未仲春御笔"土墙"诗和"种松"诗。

诗碑由碑身和碑座两石组成，宽2.27米，通高1.1米，碑身四周有游龙装饰，整通石碑完好，字迹和纹样都很清晰。

鸿慈永祜又称安佑宫，位于圆明园西北隅，是依照景山寿皇殿修建的一组大型皇家祖祠，为园内规格最高的建筑。所有殿宇均覆黄琉璃瓦，用红墙围筑起来。整组建筑气势磅礴，庄严肃穆。

安佑宫坐北朝南，门外立有三门琉璃火焰牌楼一座，牌楼上有乾隆御书的铜镀金字匾"鸿慈永祜"，火焰牌楼东西两边各立有两座高8米的华表。

安佑宫的华表为汉白玉石雕，上面刻着蟠龙云气，甚为精巧，柱围3.16米，通高约8米，下为八方形的须弥座，座高1.24米。

过琉璃火焰牌楼是致孚殿，致孚殿是清朝各帝祭祖更衣的地方。致孚殿北有三座三孔石桥，过石桥后为三座牌楼环抱。

三座牌楼北为一座琉璃券门，券门前东西各置有石麒麟一对。过琉璃券门便到了安佑宫正门安佑门，门外檐上悬挂有乾隆御书的"安佑门"匾额。宫门外东西各建有一座井亭，宫门内还建有焚帛炉。

在安佑门内的东西两侧各建有一座重檐八方亭，亭内矗有乾隆御笔的满、汉双语《安佑宫碑文》，两座碑亭中间便是正殿安佑宫。

安佑宫的四周还围以汉白玉栏杆，殿前设有八座大铜缸、四座铜炉、一对铜鹿和一对铜鹤。

殿内供有康熙、雍正、乾隆、嘉庆和道光五代皇帝的画像，殿内陈设有祭祀用的乐器一套。每年上元、中元、清明、先祖生辰和忌日皇帝都必须来此进行祭拜。

清朝皇帝每次在安佑宫祭祖，都声势浩大，上百名太监和宫女几乎要忙上整整一个月。在安佑宫门前还有一对石麒麟，麒麟高1.74米，另有0.93米高的须弥座。石料坚实，刻工细腻，体态逼真，线条纹样流畅清晰。

后来，乾隆皇帝用七年时间相继完成了圆明园的四十景，并命沈源和唐岱等人绘制了四十景图，均以四字命名，并为其撰写

了图咏，由汪由敦书写。

到1770年，圆明三园的格局基本形成。嘉庆时期，主要对绮春园进行修缮和拓建，使之成为主要园居场所之一。

圆明园集我国几千年优秀造园艺术之大成，把我国古典园林推向一个新的高度。一些西方人，对我国园林刮目相看，也正是从圆明园开始的。总之，圆明园为我们这个文明古国赢得过荣誉，曾经是我们中华民族的骄傲！

1900年，八国联军入侵北京，一代名园圆明园被毁了。

知识点滴

圆明园的四十景为：正大光明、勤政亲贤、九洲清晏、镂月开云、天然图画、碧桐书院、慈云普护、上下天光、杏花春馆、坦坦荡荡、茹古涵今、长春仙馆、万方安和、武陵春色、山高水长、月地云居、鸿慈永祜、汇芳书院、日天琳宇、澹泊宁静、映水兰香、水木明瑟、濂溪乐处、多稼如云、鱼跃鸢飞、北远山村、西峰秀色、四宜书屋、方壶胜境、澡身浴德、平湖秋月、蓬岛瑶台、接秀山房、别有洞天、夹镜鸣琴、涵虚朗鉴、廓然大公、坐石临流、曲院风荷和洞天深处，这些都是根据古人的诗情画意而建造的。

颐 和 园

　　颐和园是我国规模最大、保存最完整的一座皇家园林，和我国的承德避暑山庄、苏州拙政园和苏州留园并称为中国四大名园。

　　颐和园位于北京市海淀区，占地约290万平方米，原是清朝帝王的行宫和花园，前身叫清漪园，1860年慈禧太后以筹措海军经费的名义动用银两重建，改称颐和园，作为消夏的游乐地。

　　颐和园利用昆明湖、万寿山为基址，以杭州西湖风景为蓝本，汲取江南园林的某些设计手法和意境而建成的一座大型天然山水园，被誉为皇家园林博物馆。

乾隆为表孝心兴建清漪园

　　在北京的西北郊，原有一座山，为燕山的余脉，山下有一湖，称为七里澧、大泊湖或西湖。泉水丰沛，湖泊罗布，远山近水彼此烘托映衬，形成有如江南的优美自然景观，为华北地区所不多见。

1153年，金主海陵王完颜亮在此设置金山行宫。

元朝定都北京之后，为了接济漕运用水的需要，水利学家郭守敬开辟上游水源，引昌平白浮村神山泉水及沿途流水注入湖中，使水势增大，成为保障宫廷用水和接济漕运的蓄水库。

据说元世祖忽必烈的正宫皇后瓮娘娘，是个很有学问的人，她辅佐忽必烈治理天下，满朝文武和三宫六院没有一个不佩服她的。

可是有一天，这位皇后忽然得了重病，什么办法都用过了，就是没有丁点效果。

在临死前，瓮娘娘对忽必烈说："臣妾死后，只有一个要求，望陛下把我埋在丹棱北边的那个小山包上。"

忽必烈问："为什么偏偏要埋葬在那么荒凉的地方呢？"

瓮娘娘说："日后有天子给我看坟。"

说完这句话没多大工夫，瓮娘娘就闭眼离世了。忽必烈按照她的意思，把她葬在了那个小山包上。从此，那个小山被叫作瓮山，山下的湖也叫作瓮山湖了。但是瓮娘娘到底是葬在瓮山的哪块儿，就不知道了。因为在埋葬的时候，地面上并没有留下任何蛛丝马迹，这为的是防备有人掘坟盗墓。

1494年，明孝宗朱祐樘的乳母助圣夫人罗氏在瓮山前建圆静寺，据明人的描写圆静寺道：

> 因岩而构，甃为石磴。游者拾级而上，山顶有屋曰雪洞，俯视湖曲，平田远村，绵亘无际。
>
> 寺门度石桥，大道通湖堤，门内半里许，从左小径登台，精兰十余。室之西，殿三楹，左右精舍一间，据山面湖。

看来，圆静寺选址恰当，颇能因地制宜，尤其是在建成之后，瓮山的面貌有所改善，文人墨客经常来这里游览，留下了大量的诗文吟咏。此后，瓮山周围的园林逐渐增多起来。到了明武宗朱厚照时期，在湖滨修建行宫，称为"好山园"，为皇室的园林，并将"瓮山"之名改为"金山"，瓮山泊改名为"金海"。明武宗朱厚照和明神宗朱翊钧，都喜欢在这里泛舟游乐。

清代初期，瓮山成为宫廷养马的草料场，常有获罪的太监被发配到这里铡草。

乾隆初年，北京西郊的海淀一带园林增多，大量的园林用水使得京城的耗水量与日俱增，当时的园林用水除了流量较小的万泉河水系之外，大多来自从玉泉山流入西湖的水，而这也是明代以来通惠河的水源，如果大量截流玉泉山水，将威胁到北京至通州一段的通惠河水位，直接影响到漕运。

1750年，乾隆皇帝为了筹备崇德皇太后也就是孝圣宪皇后的60大寿，以治理京西水系为借口下令拓挖西湖，拦截西山、玉泉山、寿安山的来水，并在西湖西边开挖高水湖和养水湖，以此三湖作为蓄水库，保证宫廷园林的用水，并为周围农田提供灌溉用水。

乾隆帝以汉武帝挖昆明池操练水军的典故将西湖更名为昆明湖，并将挖湖的土方堆筑在湖北的瓮山，将瓮山改名为万寿山，并开始建造清漪园。除此之外，乾隆不仅命人拓展湖面，还特意把昆明湖挖成寿桃形，寓意向其母献寿。

同年，乾隆皇帝下发诏令修建东宫门、勤政殿、大报恩延寿寺和乐寿堂等建筑，并陆陆续续修建了各具特色的阁楼、凉亭和石桥等。

东宫门是当时乾隆皇帝从事政治活动和生活起居的地方，它坐西朝东，门楣檐下全部用油彩描绘着绚丽的图案。六扇朱红色大门上嵌着整齐的黄色门钉，中间檐下挂着九龙金字大匾，上书"颐和园"三个大字，是后来的光绪皇帝御笔亲题的。

门前御道丹陛上的云龙石雕刻着二龙戏珠，为乾隆年代所刻，是皇帝尊严的象征。在清朝，东宫门只供帝后的出入。

在东宫门内,乾隆皇帝修建了勤政殿,意在告诫自己要勤理政事,不忘政务。勤政殿坐西向东,面阔七间,两侧有南北配殿,前有大门,门外有南北九卿房。殿内有蹲坐在石须弥座上的一只铜铸异兽,这只异兽为龙头、狮尾、鹿角、牛蹄,遍体鳞甲,造型离奇怪异,据说是传说中的瑞兽麒麟。

铜龙、铜凤排列于勤政殿前,均空腹,是帝后举办朝会时点燃檀香用的。当腹内燃起檀香时,香烟即从龙凤口中袅袅冒出。

我国古代历来都以龙象征皇帝,凤象征皇后,习惯设置是龙居中间凤靠边侧。但是后来慈禧掌权之后,便将龙凤位置颠倒,形成"凤在上,龙在下"的特殊现象。后来"勤政殿"改为了"仁寿殿",即施仁政者能长寿的意思。

峰虚五老是摆放在勤政殿前五块高约4米的太湖石,院四周各一块色暗孔奇之石,象征着一年四季。五块湖石象征庐山胜景五老峰,寓意长寿,所以称为"峰虚五老"。石头上刻有乾隆皇帝在甲子夏日所作的诗词一首,道:

林瑟瑟,水泠泠。溪风群籁,山鸟一声鸣。斯时斯景谁图得,非色非空吟不成。

为突出孝圣宪皇后60大寿主

题，乾隆皇帝还特意强调在勤政殿室内装饰上突出一个"寿"字，在南北暖阁的山墙上，分别挂有一个巨大的条幅，上面是百只蝙蝠捧着一个"寿"字，寓意"百福捧寿"。

在殿中宝座后边的屏风上，一共雕有200多个寿字，用不同写法精雕而成，把一个寿字书写得穷工尽趣。勤政殿四周房檐的滴水瓦上也刻上了寿字图案，两侧各78个，前后各128个，共计412个寿字。

玉澜堂其意为湖光潋滟之堂，始建于1750年，玉澜堂紧靠昆明湖，是一座三合院式的建筑，正殿玉澜堂坐北朝南，东配殿霞芬室，西配殿藕香榭。

三个殿堂原先均有后门，东殿可以直达勤政殿，是当时乾隆皇帝的书堂。殿内明间正中设地平和宝座，宝座后为五屏照背。地上设有盖火盆，落地罩内面南安楠柏木包厢床，两边安冠架和书桌。桌上放置瓶、盒、砚、匣等物，匣内盛水盛、笔山、册页、墨床、墨等。

东西靠墙安设几案，上置樽、钟、鼎、铎、书籍等物。墙上贴有字画，后抱厦面南安楠柏木包厢床，床上左边设香几，上置册页、石盒、插屏。右边设书桌，上置册页、手卷等物。床两边安放樽、炉、衾、镜等物。

靠南墙安放几案，案两边设书格，案上、格内皆陈放书籍。东间面西安楠柏木包厢床，床左边安放香几，放置书籍。

右边安放书桌，放置书籍和盛放玉版的盖匣。地上设有盖火盆，明柱前安放高足香几。曲尺影壁四面贴有山水画，极为珍贵。

东暖阁是早膳室，西暖为寝宫，后檐及两配殿均为砌砖墙，与外界隔绝。

据记载，玉澜堂内摆放的陈设只有105件，主要以家具为主，有金漆宝座、茶几、多宝格、杌凳，硬木藤心床、硬木藤底罗汉床，硬木雕龙柜橱、雕龙顶竖柜、雕龙福寿椅刁牙桌、厢嵌挂屏、五彩百鹿大瓷樽等。

总体而言，玉澜堂的陈设品种中和了两个历史时期的特点，保留着早期的"书堂"和晚期的"寝宫"特色。

殿内正中地平床上的宝座、御案、掌扇，特别是用紫檀木和沉香木镶嵌、拼贴、雕造而成的宝座、御案、香几等，造型挺秀、花纹细腻，是当时家具中的精品。

在玉澜堂北侧为宜芸馆，意为宜于藏书和读书的地方。宜芸馆正殿由前五间和后三间组成，前后有门，室内宽敞，有精美的落地雕花隔扇，布局典雅富丽。东西配殿各有五间，也都有前后门，院内的南墙上，镶有乾隆摹写的"三希堂"书法石刻。

乐寿堂也是乾隆皇帝为了孝敬他的母亲而下旨特建的。乐寿堂原为两层建筑，后来重建之后，成为西太后慈禧的寝宫。

乐寿堂庭院内陈列着铜鹿、铜鹤和铜花瓶，取意为"六合太平"。院内所植的花卉有玉兰、海棠、牡丹等，名花满院，寓"玉堂富贵"之意。

这里的玉兰花很有名，邀月门前的一棵相传是乾隆皇帝下诏从南方移植过来的。

乐寿堂仿长春园淳化轩的规制，在南北庭院的东西廊壁上嵌有敬胜斋帖的石刻，为乾隆皇帝退位之后的寝宫，并御题有"座右图书娱画景"的联句，所以乐寿堂也被称为宁寿宫读书堂。

乐寿堂按照故宫乐寿堂的原状陈列，乐寿堂面阔七间，进深三间，为单檐歇山顶，上覆有黄色的琉璃瓦，自地面至正脊高18米，柱网结构为减柱造，上方没有承重的梁枋构架。

乐寿堂明间前后檐为五抹步步锦槅扇四扇，余各间均为槛窗，槛窗分为三层，下为玻璃窗，上面二层步步锦支窗，室内明、次间以东西向阁道分隔成南北两厅，中间一厅为起居室，西套间为寝宫，东套间为更衣室。

起居室内，用名贵木材紫檀雕制的相当精致的"御案宝座"，设置在室内中间，在其后有玻璃屏风，将室内照得格外宽敞。

玻璃屏风的两侧还插列有孔雀羽毛掌扇，这对羽毛掌扇，不仅相当精致，而且能点缀出西太后慈禧的威仪。

在御案宝座的两端，还有盛果子用的一对青花大果盘，每一盘能堆放四五百只各色水果。这是专供闻"味儿"的。

在起居室的四角，还配置有4只镀金九桃大铜炉，专供点燃檀香调节室内空气的。在中间还有两张八仙鱼桌，制作得相当讲究，桌面为两层玻璃结构。其下，为方形鱼槽，可放养金鱼。美丽的金鱼穿游在亭台楼阁之间，让人得到美的享受。

夕佳楼是一座二层小楼，建在昆明湖的东岸。南有玉澜堂，北有宜芸馆，是帝后们夏天纳凉和观景的最佳处所。夕佳楼根据东晋时期著名的诗人陶渊明饮酒诗中的"山气日夕佳，飞鸟相与还"的诗句演化而来。

登上夕佳楼的楼台，视野顿时开阔，远处的西山群峰，玉峰宝塔，近处的万寿山楼阁以及浩渺的湖面，尽收眼底，好不惬意。

在瓮山的半山腰里，有一座财神庙，庙里供奉的是财神爷赵公元帅，每年农历四月十五这天都会显灵，周济一户穷人。一些财主和大官们听说之后，一到四月十五这天，就开始穿上破衣烂衫，假装穷人，想让赵公元帅度化他。

王有财就是其中的一个，财神爷知道后，就想教训这个贪财的人。于是，财神爷托梦告诉王有财：同村的大老李家的屋子下面埋有一个小瓮，里面盛满了金光闪闪的金豆子。

王有财醒后，抢占了大老李家的房子。可是当他挖出那个小瓮的时候，并没有发现金豆子，反而窜出了几条毒蛇，将他咬死了。后来，大老李又搬回来，在重新盖房时挖出了一个鬼脸青的小瓮，里面盛满了金豆子。

因为这一瓮金豆，是从山坡上松树底下挖出来的，这座山后来就叫做"瓮山"了。

瓷娘娘天子看坟预言得应验

    话说，正当清漪园的建造工程进行得轰轰烈烈的时候，在万寿山前的中央部位的山腰处，工匠们在挖地基的时候，忽然发现下边有一个大地穴，都是用1米见方的大石块砌成的，还有一个大石门，关得很紧实。

    监工的太监把这事立马禀告了乾隆皇帝，乾隆一听马上就想起了关于瓮娘娘坟的记载，心想："这准是瓮娘娘的坟，要能把这坟挖开，说不定里头尽是奇珍异宝呢！"

于是，乾隆就亲自跑去看了，命令工匠们悄悄地把门撬开，可那门实在是太严实了，工匠们费了九牛二虎之力，才撬开了门前的一块挡门石。可是翻过来一看，所有的人都惊呆了，上面写着几个楷体大字：你不动我我不动你。

乾隆一看吓得脸色惨白，差点背过气去，慌忙命令工匠把石头重新砌好，并下令在瓮娘娘坟的上边，修建了佛香阁，把坟给压住了。

这一来，瓮娘娘的坟没人敢动了，乾隆认为自己的江山也就牢靠了。果真应了瓮娘娘："日后有天子给我看坟"那句话。

其实，瓮娘娘只是见丹棱北边这块地方风景好，知道日后准被皇家看上，并会在这儿修行宫，所以她才说"日后有天子给我看坟"。

至于石板上的字，那是为了防人掘坟盗墓，为了吓唬盗墓人而刻的。谁知正好碰上了乾隆，乾隆还十分注重风水，好迷信，所以就被唬住了，还特意建造了佛香阁。

佛香阁是清漪园的主体建筑，建筑在万寿山前山高21米的方形台基上，南对昆明湖，背靠智慧海，以它为中心的各建筑群严整而对称地向两翼展开，形成众星捧月之势，气势相当宏伟。

佛香阁高41米，是一座八面三层四重檐的建筑，阁内有8根巨大的铁梨木擎天柱，结构相当复杂，是我国古典建筑中的精品。每逢初一十五，皇室都会在这里烧香礼佛，烟雾缭绕。阁内供奉明代铜胎千手观音佛像一尊，十分珍贵。

佛香阁往上是清漪园制高建筑"智慧海"，智慧海一词原为佛教用语，本意是赞扬佛的智慧如海，佛法无边。智慧海是万寿山顶最高处的一座宗教建筑，是一座完全由砖石砌成的无梁佛殿，由纵横相间的拱券结构组成。智慧海建筑外层全部用精美的黄、绿两色琉璃瓦装饰，上部用少量的紫色和蓝色琉璃瓦盖顶，整座建筑显得色彩鲜艳，富丽堂皇，尤其是嵌在殿外壁面的千余尊琉璃佛更富特色。

智慧海建筑在外形上看来虽然极像木结构，但实际上却没有一根木料，全部用石砖发券砌而成，没有枋檩承重，所以也称为"无梁殿"。又因殿内供奉了无量寿佛，所以也称智慧海为"无量殿"。

智慧海建成之后，在万寿山前建筑的中心部位建造了大报恩延寿寺，同时也是乾隆为他母亲60岁寿辰而建的，后来慈禧在重建时在原先大雄宝殿的基础上建成了排云殿，成为慈禧在园内居住和过生日时接受朝拜的地方。

排云殿中的"排云"两字，取自东晋著名学者郭璞的诗句"神仙排云山，但见金银台"，比喻似在云雾缭绕的仙山琼阁中，神仙即将露面。

排云殿建在一座高台上，为歇山重檐式，前后由21间房屋组成。殿内有宝座、围屏、鼎炉、宫扇等，平台下对称排列着供防火盛水用的四口大铜缸，俗称"门海"。

排云殿四周有游廊和配殿，前院有水池或汉白玉砌成的金水桥。殿角重重叠叠，琉璃五彩缤纷。从远处望去，排云殿与牌楼、排云门、金水桥、二宫门连成了层层升高的一条直线。

排云殿这组建筑，是清漪园最为壮观的建筑群体，也是清漪园南北中轴线上最重要的核心景观建筑组群。

排云殿建筑群始于昆明湖边的"云辉玉宇"牌楼，以排云殿为中心，由排云门、玉华殿、云锦殿、二宫门、芳辉殿、紫霄殿、排云殿、德辉殿及连通各座殿堂的游廊、配房组成，南北贯穿于一条中轴线，层层上升，气势宏伟。

云辉玉宇牌楼紧邻昆明湖，是万寿山前山中央建筑群主轴线起点。建筑为四柱七楼顶覆黄色琉璃瓦，绘金龙和玺彩画，等级极其高贵。云辉玉宇牌楼表示这里的宫殿是彩云与华丽建筑相辉映的世界。

牌楼的南面匾额上写着'星拱瑶枢"，意在告诉人们这里是"众星拱卫的神仙之地"。

在排云门前，除了立有两只造型生动、铸造精美的铜狮之外，还有两侧各摆放了六块不同形态的太湖石，寓意十二生肖。

牌楼上的南北匾额表达了对统治者的赞美与颂誉，也暗含了君臣尊卑的封建礼制秩序。

　　玉华殿是大报恩延寿寺的钟楼，重建后成为排云殿第一进院落的东配殿。大殿面阔五间，单檐正脊歇山顶，是后来的慈禧皇太后举行万寿庆典时皇上临时休息的地方，殿内陈列的文物多为当年王公大臣们进献慈禧的寿礼，有寿联、寿幛、寿屏等。

　　云锦殿是大报恩延寿寺的鼓楼，重建后成为排云殿第一进院落的西配殿。大殿面阔五间，单檐正脊歇山顶，曾是慈禧皇太后举行万寿庆典时二品以上王公大臣临时休息的地方，殿内陈列的文物多为当年王公大臣们进献慈禧的寿礼。

　　二宫门是排云殿建筑群第二进院落的宫门，面阔三间，卷棚歇山顶。宫门房檐下悬有"万寿无疆"的黑漆金字匾，是慈禧皇太后在万寿庆典中宣读贺寿表文的地方。

　　芳辉殿是大报恩延寿寺的妙觉殿，为排云殿第二进院落的东配殿。大殿面阔五间，单檐正脊歇山顶。"芳辉"二字寓意祥瑞生平，殿内陈列着王公大臣进献慈禧的部分寿礼。

紫霄殿是大报恩延寿寺得到真如殿，重建后为排云殿第二进院落的西配殿。大殿面阔5间，单檐正脊歇山顶。"紫霄"二字寓意祥瑞生平，殿内陈列着王公大臣进献慈禧的部分寿礼。

德辉殿是大报恩延寿寺多宝殿，大殿面阔五间，单檐正脊歇山顶，前出廊，两翼有爬山廊与排云殿相连，是帝后到佛香阁礼佛时更衣休息的场所。

转轮藏建筑群也是在当时建造的，是清朝帝后贮藏经书、佛像和念经祈祷的地方，样式仿杭州法云寺藏经阁，由正殿、两座安放轮藏的彩亭和万寿山昆明湖碑组成，后遭英法联军洗劫。

五方阁布局象征着佛教密宗的"曼荼罗"，意喻"万德圆满"，众神聚集。"五方"表示聚五方之色，寓意天下归心，四海升平。

相传佛香阁是为了镇住瓮娘娘的鬼魂而建的，但是佛香阁在遭洗劫之后，里面的供像一直是空的。当时有人提议，北京城里鼓楼西边有一个庙，里面有尊佛像的体积、体量及规格，和佛香阁里面的很相像，能不能找到搁到佛香阁里面。

很快，人们就找到了这尊佛像，但是并不完整，残缺了一块，在佛像的脑袋顶上少一个盖子，看上去感觉很是别扭。

突然有人提出，有人在颐和园昆明湖中游泳时，捞起过半个佛头。人们把它放在供像上，严丝合缝。一个是从城中庙里找来的佛像，一个是昆明湖中捞起的佛头，为什么会合到了一起呢？这个谜一直都没能解开。

知识点滴

清漪园建筑的豪华壮美

　　排云殿建成之后，工匠们又在排云殿两边依山势对称布置了许多建筑。如前山的半山坡上有一巨石，上刻有四个大字"燕台巨观"，巨石下有一组建筑，名为"画中游"。

　　画中游亭台楼阁别具一格，各建筑物之间以爬山廊连接，利用山形地势的高低，筑有不同高度的平台，而且建筑的不同形体相互搭配，构图丰富。登阁眺望湖光山色，犹如置身画中。

相传这画中游是乾隆皇帝亲自设计的，据说当初乾隆三下江南，回到北京后便想仿照江南的景致来建造清漪园。

于是，他先找来了工匠制作模型，可模型完成后他总觉得前山半坡留着块空地不合适，找人设计了多种图样，还是不满意。

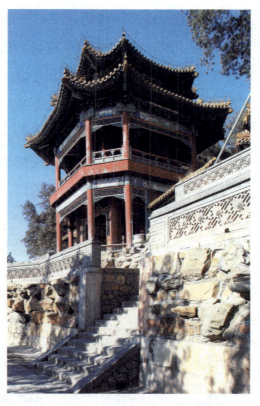

乾隆日思夜想，后于梦中见一白须老者带两使女前来，使女手中各持一画轴，打开后是两幅画着楼台亭阁的图画，美妙绝伦。老者邀乾隆去画中一游，乾隆兴致勃勃，边游边吟：

金山竹影几千秋，云锁高飞水自流。
万里长江飘玉带，一轮明月滚金球。
远至湖北三千里，近到江南十六州。
美景一时观不尽，天缘有份画中游。

梦醒后，乾隆就按照梦境中的亭台楼阁画了下来，命内务府制成烫样，这就是画中游。画中游是万寿山西部一组重要建筑。它依山而建，正面有一座两层楼阁，左右各有一楼，名为"爱山"和"借秋"。

阁后立有一座石牌坊，牌坊后边的是"澄晖阁"。建筑之间有爬山廊。由于地处半山腰，建筑形式丰富多彩，楼、阁、廊分别建在不同的等高线上，青山翠柏中簇拥着一组由红、黄、蓝、绿琉璃瓦覆盖着的建筑群体，酷似一幅山水画。

横亘于昆明湖岸和万寿山前的为长廊，长廊东起邀月门，西至石丈亭，是乾隆皇帝为了让母亲游园不受雨雪日晒之苦，又能饱览昆明湖的雨景雪景而特意建造的。

长廊全长728米，共273间，以其精美的建筑、曲折多变和极丰富的彩画而负盛名，是我国古典园林中最长的游廊。

长廊彩绘属于"苏式彩画"，是我国木结构建筑上的装饰艺术。

它的特点是在大半圆的括线内没有固定的结构，全凭画工发挥，同一题材可创作出不尽相同的画面。

长廊彩画题材广泛，山林、花鸟、景物、人物均有入画。而其中最引人入胜的当数人物故事画，一共2000多幅画，没有哪两幅是相同的。后来，长廊还以建筑形式独特、绘画丰富多彩，被评为普天下最长的画廊。

长廊中间建有留佳、寄澜、秋水、清遥四座八角重檐的亭子，依山临水，以排云殿为中心，向东西两边对称地展开，将分布在万寿山前的建筑连成一气。

长廊东西两边南向各有伸向湖岸的一段短廊，衔接着对鸥舫和鱼藻轩两座临水建筑。西部北面又有一段短廊，接着一座八面三层建筑，山色湖光共一楼。长廊沿途穿花透树，美不胜收。

长廊的听鹂馆原是乾隆为其母看戏所建，内有两层的戏台，因古人常借黄鹂鸟的叫声比喻音乐的优美动听，故名之为"听鹂馆"。

1860年，听鹂馆遭毁，光绪时改建。在德和园大戏楼建成之前，慈禧太后也经常在这里看戏，宴饮。

长廊景区的对鸥舫是一座面阔三间的歇山建筑，前有码头，是游览昆明湖时上下船的码头。

在长廊西端的湖边，是一条大石船，取名为清晏舫，寓"海清河晏"之意。

　　石舫是清漪园唯一带有西洋风格的建筑。它的前身是明朝圆静寺的放生台。乾隆在修建清漪园时，改台为船，更名为"石舫"。"舫"的形象与舟相类似，筑于水滨，为园林中最富情趣的建筑物。

　　在我国的园林里面，有水就有舟。因为舟是石头做的，所以不用担心会像木船一样顺水漂走，不用缆绳去系着。

　　因此，这些石舫往往有一个"不系舟"的题字。古诗中说"野渡无人舟自横"，是我国文化最妙的绝句之一。

　　在园林里面建石舫不仅仅是为了证明水是活的，是可以坐舟来游的，而为的是在"舟自横"中，突出"野渡无人"的境界来。

　　船体乃用巨石雕成，全长36米。船上二层为白色木结构楼房，都是用油漆装饰成的大理石纹样，船底为花砖铺地，窗户为彩色玻璃，顶部有砖雕装饰，精巧华丽。

　　下雨时，落在船顶的雨水通过四角的空心柱子，由船身的四个龙头口排入湖中，设计十分巧妙，是清漪园内著名的水上建筑珍品。

文昌阁原本是一座城关，在建造清漪园的时候，被改造为清漪园的园门之一。文昌阁主阁两层，内供铜铸的文昌帝君和仙童、铜骡。

文昌阁与昆明湖西供武圣的宿云檐象征"文武辅弼"。城头四隅角廊的平面呈"人"字形，中间为三层楼阁。中层供奉文昌帝君铜铸像及仙童塑像，旁有铜骡一个，极富特色。

四大部州在万寿山后山中部，是汉藏式的建筑群。占地20000平方米，因山顺势，就地起阁。前有须弥灵境，两侧有3米高的经幢，后有寺庙群主体建筑香岩宗印之阁。

四大部州四周是象征佛教世界的四大部洲，即东胜神洲、西牛货洲、南赡部洲、北俱卢洲和用不同形式的塔台修建成的八小部洲。

南、西南、东北、西北还有代表佛经"四智"的红、白、黑、绿四座藏式佛塔。塔上有13层环状"相轮"，表示佛经"十三天"。塔形别致，造型端庄。

四大部洲和八小部洲中间还有两个凹凸不平的台殿，一个代表月台，一个代表日台，象征着日月环绕佛身。

惠山园在万寿山东麓，是一个独立的成区，具有南方园林风格的园中之园的特色，是仿无锡惠山的寄畅园而建的。

1811年重新修葺之后，嘉庆皇帝取"以物外之静趣，谐寸田之中和"和乾隆皇帝的诗句"一亭一径，足谐奇趣"的意思，改名为"谐趣园"。

地仅数亩的谐趣园，趣味究竟在何处？

一是声趣。谐趣园内有一池荷花，亭亭玉立，园内有一丛绿竹，竹荫深处，有山泉分成数股注入荷池。这道山泉的水源，来自昆明湖后湖东端，谐趣园取如此低洼的地势，主要就是为了形成这道山泉，使谐趣园的水面与后湖的水面形成一两米的落差。

而在一两米的落差中，又运用山石的堆叠，分成几个层次，使川流不息的水声高低扬抑，犹如琴韵。

难怪横卧在泉边的一块巨石上镌有"玉琴峡"3个大字。有此一景，使这座园中之园有声有色。可谓谐趣园的"声趣"。

二是楼趣。在玉琴峡西侧有一座瞩新楼，这座楼从园内侧看是两层楼，若从外侧看，却是一层。

原来，谐趣园宫门前是那条下坡路的最低点，继续往前，又逐步升高，可以直接步入瞩新楼的上层，这种似楼非楼的设计，可谓"楼趣"。

三是桥趣。谐趣园中有桥五座，其中以知鱼桥最为著名。接近水面，便于观鱼，所以取名为知鱼桥。知鱼桥是引用了战国时代庄子和惠子在"秋水濠上"的一次有关知鱼不知乐的富有哲理的辩论游戏。这是园中的"桥趣"。

苏州街是乾隆皇帝命人仿江南水乡而建的，是专供清代帝后逛市游览的一条水街，被焚毁之后，于1990年在遗址上复建，是我国古代宫市的唯一孤本。

苏州街位于苏州河中段，街全长300余米，一水两街，沿岸作市，共设各式铺面64座，牌楼14座，小桥八座。两边茶馆、酒楼、钱庄、药店、当铺、绸布店、印书局等应有尽有，多姿多彩。

在当时，岸上有各式店铺，如玉器古玩店、绸缎店、点心铺、茶楼、金银首饰楼等，这里的店员、伙计均由太监、宫女装扮。每当皇帝、皇后和妃嫔们来此游玩、购物之时，便煞有其事地做起火热的"买卖"来。

此外，清漪园里还有很多建筑，看到这些规模宏大、数量众多、豪华壮美的古迹名胜，人们在惊叹美的同时，也能够深深感受到古代劳动者的创造精神。

知识点滴

乾隆修造清漪园时，原准备建一座九层宝塔，当建到第八层时，乾隆一道圣旨，把已建好的八层拆掉，重新建造了一座八方阁，即佛香阁。

对于乾隆拆塔建阁之事，历来众说不一。一种认为：乾隆建延寿塔，名义上为母后做寿，实则为把三山五园连成一体，想使延寿塔成为携东西皇家园林的主体建筑。但建到第八层时发现和原来想象不符，故拆塔建阁。

另一种认为，京西一带，历来塔多，为避免塔影重叠，乾隆才下决心拆塔建阁。实际上，建阁确实收到了比较好的效果。阁高而有气势，大而稳重，与前山建筑融洽得体。